AF366020

Inglés náutico normalizado para las comunicaciones marítimas

Guía para entender y utilizar las *Frases normalizadas de la OMI para las comunicaciones marítimas*

José Manuel Díaz Pérez

Inglés náutico normalizado para las comunicaciones marítimas

Guía para entender y utilizar las *Frases normalizadas de la OMI para las comunicaciones marítimas*

José Manuel Díaz Pérez

Con la colaboración de:

www.logisnet.com

Colección: GESTIONA
Director: David Soler

INGLÉS NÁUTICO NORMALIZADO PARA LAS COMUNICACIONES MARÍTIMAS
1.ª edición, 2005
2.ª edición, 2012-2018

© 2005, 2012, José Manuel Díaz Pérez
© de esta edición, incluido el diseño de la cubierta, ICG Marge, SL
Fotografía de la portada, Symbiot

Edita: Marge Books
València, 558 – 08026 Barcelona
Tel. 931 429 486 – marge@margebooks.com
www.margebooks.com

Gestión editorial: Hèctor Soler
Compaginación: Mercedes Lara
Impresión: Safekat, SL (Madrid)

ISBN: 978-84-15340-07-2
Depósito Legal: B 9504-2018

El papel empleado en este libro no ha sido blanqueado con cloro elemental (CI_2).

Índice

Prólogo / Foreword

Como responsable de la edición de las *Frases normalizadas de la OMI para las comunicaciones marítimas (IMO Standard Marine Communication Phrases, SMCP)* y su autor principal, he observado con gran interés la segunda edición del libro *Inglés náutico normalizado para las comunicaciones marítimas*, escrito por José Manuel Díaz Pérez.

El autor de esta obra, con títulos universitarios en lingüística (filología inglesa y filología románica) y título de Capitán de la Marina Mercante, por su formación y experiencia está perfectamente cualificado y autorizado para hacer una descripción bien estructurada y convincente de un área marítima específica y muy importante, es decir, la relación entre las comunicaciones marítimas en inglés y la seguridad marítima.

El autor trata en profundidad la versión normalizada del inglés marítimo: las frases para las comunicaciones marítimas aprobadas por la Organización Marítima Internacional. Para aportar un criterio só-

As the IMO Focal Point on the *IMO Standard Marine Communication Phrases (SMCP)* and their principal author I noted with great interest the second edition of the book *Inglés náutico normalizado para las comunicaciones marítimas* written by José Manuel Díaz Pérez.

The author of this work, holding university degrees in linguistics (English and Roman) and a Master Mariner Certificate, is by his education and experience ideally qualified and authentic to deliver a well-structured and convincing description of a very important and specific maritime area, i.e. the relationship of Maritime English communication and safety.

J. M. Díaz Pérez deals in depth with the standardized version of Maritime English – the IMO approved SMCP. In order to provide a convincing judgment on the value of the phrases he looks back at the background, the

lido sobre el valor de las frases, examina el origen, los fundamentos teóricos y el desarrollo de las SMCP y la filosofía subyacente en este proyecto. Contando con su larga trayectoria profesional como oficial de navegación, y especialmente como operador MRCC/VTS en la Sociedad de Salvamento y Seguridad Marítima (Sasemar), analiza en profundidad la aplicación de las SMCP a las comunicaciones por radio, y muestra cómo las frases pueden, por un lado, gestionar con éxito situaciones críticas y, por el otro, cómo estas situaciones podrían haberse neutralizado al utilizar esta forma de inglés marítimo normalizado. De este modo, subraya e ilustra la importancia de las SMCP como una eficaz herramienta para promover la seguridad en el mar, a bordo y en los puertos.

Aunque la enseñanza de las SMCP en las instituciones docentes del ámbito marítimo está gobernada por el Convenio de Formación (STCW) de 2010 y su uso está altamente recomendado por la OMI, el autor dirige la atención al hecho de que las instituciones docentes y autoridades marítimas deberían poner más énfasis en la implantación de esta convincente forma de comunicación en inglés náutico entre todos los posibles usuarios.

Conviene recordar que más del 40 % de la totalidad de los accidentes en el ámbito marítimo suele ocurrir por deficiencias en la comunicación, y también hay que tener presente que más del 85 % de las tripulaciones a bordo de la flota mercante mundial son multiétnicas, multilingües y multiculturales, y muestran a menudo una competencia limitada en inglés marítimo,

rationale and the development of the SMCP and the philosophy behind that project. Relying on his rich and long-lasting professional experience as a Navigation Officer and especially as an official holding responsible positions in the Spanish MRCC/VTS Administration he specifically analysis the application of the SMCP in radio communications. He reveals how the phrases may on the one hand successfully manage critical situations and, on the other hand, how such situations could have been defused when this standardized form of Maritime English would have been used. This way he underlines and illustrates the importance of the SMCP as a powerful tool to promote safety at sea, on shipboard and in ports.

Though instructing the SMCP at MET institutions is decreed by the STCW Convention 2010 and their use highly recommended by the IMO, J. M. Díaz Pérez directs the attention to the fact that MET institutions and MET authorities as well have to become more engaged in implementing this convincing standardized form of Maritime English safety communication among all prospective users.

Remembering that more than 40% of all accidents in the maritime field still use to happen due to communication deficiencies and recalling that more than 85% of the shipboard crews in the world merchant fleet is multi-ethnic, multi-lingual and multi-cultural, often demonstrating just a sub-standard

por lo que este libro aporta una valiosa contribución para avanzar en la resolución de los problemas relacionados con las comunicaciones en inglés y la seguridad marítima.

Quiero felicitar al Sr. Díaz Pérez por haber escrito este libro y desearle muchos atentos lectores y usuarios.

Maritime English competence, then this book is a valuable contribution to change the problems in question to the better.

I want to congratulate Mr Díaz Pérez for having written this book and wish it many attentive readers and users.

PROF. DR. PETER TRENKNER

*Presidente de la Conferencia
Internacional de Inglés Marítimo
de la Asociación Internacional
de Profesores Marítimos (IMLA)
Miembro honorífico de IMLA*

PROF. DR. PETER TRENKNER

*Chairman of the International
Maritime English Conference
of the International Maritime
Lecturers Association (IMLA)
Honorary Member of IMLA*

Capítulo 1

El concepto de normalización en el contexto del inglés náutico

Introducción

El inglés es la *lingua franca* del transporte marítimo internacional, y este hecho no deja de tener un cierto carácter paradójico si se considera el mínimo porcentaje de marinos que navegan en la actualidad cuya lengua materna sea el inglés. El número de capitanes y oficiales norteamericanos, británicos, canadienses, australianos o neozelandeses, por mencionar los países de habla inglesa más importantes, es prácticamente irrelevante si se compara con otras nacionalidades. En un informe elaborado por la International Shipping Federation (ISF) y por The Baltic and International Maritime Council (Bimco) se puede observar cómo la mayor parte de los marinos provienen de los países de Extremo Oriente, del subcontinente indio, de Latinoamérica, de África y de los antiguos países del Este. Sin embargo, el inglés sigue siendo el idioma común aceptado internacionalmente y reconocido como tal por la Organización Marítima Internacional (OMI).

Las razones de fondo que explican esta aparente paradoja son de índole histórica y económica; entre ellas se pueden indicar las siguientes:

- El inglés es la primera elección de segunda lengua en la mayor parte de los países con otra lengua materna.
- El inglés es el idioma que más se estudia en todo el mundo.
- Los marinos se incorporan a sus barcos viajando habitualmente en avión, y el inglés es la lengua del transporte aéreo por excelencia.
- El inglés es la lengua utilizada en el transporte internacional en general.
- El inglés es, y ha sido desde hace siglos, la lengua del transporte marítimo.
- El inglés ha sido oficialmente reconocido por la OMI como el idioma oficial del mar. El Convention on Standards of Training Certification and Watchkeeping for

Seafarers (STCW-95), en adelante Convenio de Formación, establece que todos los marinos deben tener un conocimiento «adecuado» de esta lengua.

- El inglés es la lengua más utilizada en el ámbito específico de las comunicaciones por radio, ya sean éstas barco-barco, barco-tierra, tierra-barco o en operaciones SAR *(search and rescue)*.
- El conocimiento del inglés es un requisito imprescindible exigido por la mayoría de los armadores a los marinos para poder embarcarse.
- Como consecuencia de todo ello, los estudiantes de náutica saben que sus oportunidades de empleo dependen en buena medida de su nivel de inglés, especialmente en el mercado laboral internacional.

La exigencia de un conocimiento adecuado del inglés en general y del inglés náutico en particular no proviene solamente de los armadores, sino, y cada vez más, de las propias autoridades marítimas, que muestran un interés creciente por los aspectos relacionados con la seguridad y la competencia de las tripulaciones que visitan sus puertos. Así, el United States Coast Guard (USCG) evalúa aleatoriamente los conocimientos de inglés técnico de los tripulantes que visitan los puertos norteamericanos, y la Maritime and Coastguard Agency (MCA) británica ha establecido un programa de evaluación y certificación de conocimientos de inglés que se aplica a los marinos no británicos que quieren navegar en barcos con ese pabellón, acreditado en centros de formación de todo el mundo para que los candidatos puedan ser evaluados en cuanto a su competencia lingüística en inglés general e inglés náutico, de manera que la MCA, en función de los resultados de la prueba, denominada Test Marlins, pueda tramitar el certificado de competencia equivalente al marino interesado en prestar sus servicios a bordo de buques británicos. El único centro español homologado por la MCA para realizar estas pruebas es el Centro de Seguridad Marítima Integral Jovellanos, situado en Veranes, Gijón, con una larga trayectoria en la enseñanza del inglés náutico normalizado y en la evaluación del nivel de inglés mediante una prueba que permite obtener resultados objetivos y sin sesgo subjetivo alguno. Es de señalar que, aunque inicialmente esta prueba fue concebida como requisito para poder acceder a un puesto de trabajo a bordo de los buques británicos, cada vez son más las navieras y agencias de embarque que utilizan este recurso para evaluar los conocimientos de inglés de los aspirantes a convertirse en sus oficiales de máquinas y puente.

Uno de los aspectos clave para entender la realidad del problema de la competencia lingüística de los marinos es la considerable diferencia de nivel de conocimientos entre los profesionales de diferentes países. El documento básico para establecer un convenio de mínimos de formación es el ya mencionado Convenio de Formación, que regula los programas de estudios y la certificación de los oficiales de marina mercante internacionalmente. Este convenio, en lo que se refiere al inglés, es bastante ambiguo, como revela el concepto utilizado: *sufficient English*. La cuestión es, pues, qué se entiende por ese término, mencionado en el contexto de las diferentes funciones, cuyo desarrollo se exige en el trabajo a bordo. Lo que parece claro es que la Administración noruega u holandesa, por poner un

Figura 1. Logotipo corporativo de la OMI.

ejemplo, no entienden lo mismo que la china o la filipina a la hora de expedir los certificados a sus marinos nacionales, como se desprende de las diferencias significativas en competencia lingüística que pueden observarse entre los marinos de diversas nacionalidades.

Un paso en la buena dirección es la elaboración por parte de la OMI y la ISF del curso modelo de inglés náutico. Este documento constituye una referencia clave para la preparación del currículo en las escuelas de marina civil y en los centros de formación marítima de todo el mundo, y sirve de guía al profesor de inglés náutico, que hasta ahora carecía de una orientación clara y precisa en el desarrollo de los programas que se debían impartir a lo largo de la carrera.

Ésta sería, pues, una primera aproximación al concepto de normalización en el ámbito del inglés técnico-marítimo: el establecimiento de unos requisitos mínimos de conocimientos de inglés, a los que se alude de forma más bien ambigua en un convenio internacional, el Convenio de Formación, pero que luego se concretan en un curso modelo de la OMI, el Maritime English Model Course 3.17. Estas iniciativas se supone que contribuyen a normalizar, es decir, a igualar la competencia lingüística de los marinos profesionales, independientemente de su procedencia.

Por otra parte, el término normalizado está asociado a la producción de un corpus de frases para utilizar en la actividad del transporte marítimo en general. Las ediciones del *Vocabulario normalizado de navegación marítima,* anteriormente, y las *Frases normalizadas de la OMI para las comunicaciones marítimas* son, en la actualidad, las referencias clave que se deben considerar.

1 Inglés general e inglés náutico

Cuando el futuro marino llega por primera vez a una escuela de náutica, facultad de ciencias náuticas, escuela superior de marina civil, o cualquiera que sea la denominación de los centros de formación de los distintos países que aportan profesionales titulados al mercado laboral internacional del transporte marítimo, se supone que lleva consigo un determinado bagaje de conocimientos, entre los que se incluyen los correspondientes al inglés general.

Por tanto, la calidad del sistema educativo de cada país, en el aspecto concreto de la enseñanza del inglés como segunda lengua, determinará el nivel que los alumnos de náutica alcancen al final de sus estudios. El inglés que se enseña en las escuelas de náutica pertenece más bien al campo del inglés para fines específicos, y se centra en los aspectos técnicos de la profesión, dando por sabidos los contenidos de tipo sintáctico, morfológico y fonológico que constituyen la base del idioma, sin cuyo conocimiento es imposible el dominio de una lengua.

En el campo del transporte aéreo, el nivel de exigencia de conocimientos de inglés es mucho más alto. Un aspirante a piloto comercial o a controlador de tráfico aéreo debe pasar controles y pruebas de su nivel de inglés general mucho más estrictos para poder acceder a dichos estudios. En el caso de la carrera de náutica, como sucede en España, no sólo no se exige ningún nivel inicial de inglés, sino que esta materia ni siquiera está considerada como asignatura troncal en los planes de estudios.

Una sugerencia razonable en este terreno sería la exigencia inicial de alguna certificación reconocida internacionalmente, del tipo de la expedida por el International English Language Testing System (IELTS), en la órbita británica, o del Test of English as a Foreign Language (TOEFL) y el Educational Testing Services (ETS), en el ámbito norteamericano, a los candidatos a oficiales de marina mercante para poder acceder a

Figura 2. Logotipo corporativo de la IALA/AISM.

los estudios de la carrera. Esto garantizaría al menos un punto de partida mínimo y común que permitiría descartar a los candidatos que no tuvieran una buena base sobre la que construir el resto del edificio de conocimientos relacionados con el inglés de la profesión. Este edificio, para darse una idea de su complejidad, abarca prácticamente todos los contenidos de la carrera, es decir, el inglés necesario para poder trabajar y comunicarse en este idioma con soltura en campos tan distintos y complejos como la navegación, la meteorología, el derecho marítimo, la teoría del buque, la construcción naval, la lucha contra la contaminación, los servicios de tráfico marítimo (STM o *vessel traffic services,* en inglés) o la economía marítima. Ni que decir tiene que sin unos sólidos cimientos fraguados con el inglés general nunca se llegará a dominar el inglés técnico necesario para desarrollar la profesión con eficacia y seguridad.

También en el campo de los STM, los profesionales que interactúan con el tráfico, tanto en un dispositivo de separación de tráfico (DST) de tipo costero como en el ámbito portuario, desarrollan su tarea basándose en la interpretación de la imagen radar y en las comunicaciones que establecen con el oficial de guardia (OOW, *officer of the watch,* en inglés), por lo que el dominio del idioma es un factor clave para poder contribuir a la seguridad marítima y prevenir errores de interpretación o malentendidos que pueden provocar accidentes en vez de evitarlos. En los programas de formación elaborados por la International Association of Marine Aids to Navigation and Lighthouse Authorities (IALA), o Asociación Internacional de Señalización Marítima (AISM), se presta especial atención al inglés general y al inglés normalizado y se proyecta exigir también una titulación inicial en inglés, reconocida internacionalmente, como requisito al acceso a estos estudios y a la carrera profesional de operador de STM.

El instrumento de la OMI que gobierna la formación y titulación de los marinos es el Convenio de Formación. Por otra parte, la formación y titulación de los futuros operadores de STM viene regulada internacionalmente por la Recomendación V-103 de la IALA/AISM, que es, en cuanto a su filosofía y formato, el equivalente al Convenio de Formación para dichos operadores. Esta recomendación se basa en el esquema de formación establecido por el Servicio de Guardacostas de Canadá para sus operadores de STM, el cual, por su consistencia y rigor, terminó por ser exportado a la comunidad internacional.

Vale la pena viajar atrás en el tiempo para recordar cómo se definieron las exigencias relativas al conocimiento del inglés para los futuros operadores de STM. En 1981, el departamento de STM del centro de formación marítima del Servicio de Guardacostas de Canadá diseñó un programa de enseñanza para los futuros operadores de STM (denominados allí *marine traffic regulators,* MTR), un programa *ab initio,* puesto que estaba destinado a formar controladores sin ninguna experiencia náutica. La titulación académica mínima exigida era la equivalente a una diplomatura o carrera universitaria de grado medio. La razón por la que los controladores de tráfico marítimo canadienses no hayan sido marinos fue circunstancial, y responde a la situación de su mercado laboral en aquellos años, un mercado en el que el número de profesionales canadienses titulados de la marina mercante era muy limitado y las escalas salariales que el Servicio

Figura 3. Vista aérea de los buques de crucero MSC Splendida *y* MSC Fantasia, *navegando por el Mediterráneo.*

de Guardacostas podía ofrecerles estaban muy por debajo de las que las navieras y las compañías petroleras les aplicaban, por lo que su contratación quedaba descartada.

De la misma forma que la OMI a partir de 1978 comenzó a editar un curso modelo para facilitar a las instituciones docentes marítimas la implantación del Convenio de Formación, la IALA/AISM, en una escala obviamente más modesta, editó su primer curso modelo, el V-103/1, para la formación del operador de STM. Como requisito de entrada o acceso al curso, el operador debe tener, como mínimo, el nivel 5 del IELTS, un grado de competencia lingüística exigido, por ejemplo, para el acceso a cursar estudios en muchas de las universidades norteamericanas.

2   El inglés náutico, marítimo o técnico-marítimo

Cualquiera de estas tres denominaciones alude al mismo tipo de inglés para fines específicos. El término *inglés náutico* parece un poco más anticuado, pero describe de forma adecuada la realidad a la que alude. *Inglés marítimo* es una traducción directa del término inglés más utilizado: *maritime English.* Finalmente, *inglés técnico-marítimo* introduce el matiz técnico que puede considerarse en cierta forma ya implícito en *náutico* o *marítimo,* por lo que cabría entenderlo como irrelevante o superfluo.

En cualquier caso, en este libro se utilizarán indistintamente las tres denominaciones citadas.

Ya en 1627 el capitán John Smith publicó el octavo de sus diez libros y folletos, titulado *A Sea Grammar with the Plaine Exposition of Smiths Accidence for Young-Men, Enlarged*. Esta obra había tenido su origen en una publicación anterior titulada *An Accidence for Young Seamen* y nació de su continuación y ampliación. En su prólogo, Smith escribió, en el hermoso inglés antiguo:

> [...] much hath hin writ concerning the art of war by land, yet nothing concerning the same at Sea. Many others might better than my self have done this, but since I found none endeavoured it, I have adventured, encouraged by the good entertainment of my late printed Accidence. This I suppose will be much bettered by men in these things better experienced; others' ignorance may fault it. I have been a miserable Practitioner in this Schoole of Warre by Sea and Land more than thirty years, however chance or occasion have kept me from your Lordship's knowledge or imployement [...].

Esta obra, para la que Smith tomó como referencia principal la *Nomenclature Navalis*, de sir Henry Mainwaring, fue muy popular en su época y se reimprimió varias veces después de su muerte. En concreto, existen ejemplares de los años 1653, 1691, 1692 y 1699. El método utilizado por Smith consiste en tomar el material que había sido listado alfabéticamente por Mainwaring y organizarlo de una forma lógica, comenzando por cómo se construye un barco, e introduciendo progresivamente nuevos temas hasta llegar al desarrollo de una batalla naval. El libro presenta un rico repertorio de términos náuticos y, como referencia, muchas de sus voces aparecen en el *Oxford English Dictionary*, que cita la obra de Smith repetidamente. No deja de sorprender que muchas expresiones coloquiales utilizadas en la actualidad aparezcan en *A Sea Grammar*, como *the bitter end, in the offing, to tide over* o *under the weather*.

El libro consta de dieciséis capítulos cuyos títulos nos retrotraen a un pasado lleno de resonancias marítimas. Los capítulos son los siguientes:

I   Of docks and their definition, and what belongs to them.

II   How to build a Ship, with the definition of all the principal names of every part of her, and her principal timber: also how they are fixed one to another, and the reasons of their use.

III   How to proportion the Masts and Yards for a Ship by her Beame and Keele.

IV   The Names of all the Masts, Tops and Yards belonging to a Ship.

V   How all the Tackling and Rigging of a Ship is made fast to one another, with the names and reasons of their use.

VI   What doth belong to the Boats and Skiffe, with the definition of all those thirteen Ropes which are only properly called Ropes belonging to a Ship or Boat, and their use.

VII   The names of all sorts of Anchors, Cables and Sailes, and how they beare their proportion, with their use. Also how the Ordnance should be place, & the goods stowed in a Ship.

VIII   The charge and duty of the Captain of a Ship, and every office and officer in a man of warre.

IX   Proper Sea termes for dividing the Company at Sea, and steraing, sayling and mooring a Ship in fair weather or in a storme.

X   Proper sea termes for the Winds, Ebbes, Floods and Eddies, with their definitions; and an estimate of the depth of the Sea, by the height of the Hills largenesse of the Earth.

XI   Proper Sea termes belonging to the good or bad condition of Ships; how to find them and amend them.

XII   Considerations for a Sea Captain in the choice of his Ship, and in placing his Ordnance; in giving Chase, Boording and entering a man of war like himself, or a defending Merchant man.

XIII   How to manage a fight at Sea, with the proper termes in a fight largely expressed, & the ordering a Navy at Sea.

XIV   The names of all sorts of great ordnance, and their appartenances, with their proper tearmes and expositions; also divers observations concerning their shooting, with a Table of proportion of their weight of metall, weight of powder, weight of shot, and there best at randome and point blank enlarged.

XV   How they divide their shares in a man of Warre; with Bookes and Instruments are fit for a Seaman, with divers advertisements [advice] for young Gentlemen that intent to follow the Sea; and the use of the petty Tally.

XVI   The expositions of all the most difficult words seldom used but amongst sea men; where you find the word in the Margent [margin], in that breake against it, you shall find the exposition so plainly and briefly, that any willing capacity may easily understand them.

Los términos técnicos que aparecen en el texto se repiten en los márgenes de la gramática, facilitando su consulta. Además de la información particular sobre construcción naval y teoría del buque, Smith proporcionó una detallada descripción sobre las obligaciones de los oficiales y tripulantes de un barco de la época, así como del desarrollo del día a día a bordo, la organización de las guardias, la disciplina, la preparación para el combate y otros muchos asuntos, lo que constituye una fuente inagotable de términos náuticos.

De vuelta al siglo XXI, conviene preguntarse cuáles son las auténticas necesidades del futuro marino profesional en materia de conocimientos de inglés y si, en general, los programas de inglés náutico están actualizados y, en particular, si en España lo están en las escuelas superiores de marina civil y facultades de náutica.

Otro aspecto que debe considerarse es el grado de cumplimiento de estos centros de formación con los compromisos internacionales firmados por España, como el ya mencionado Convenio de Formación (STCW-95). Para ajustar estos programas a la realidad actual y a los convenios internacionales hay que preguntarse si bastaría con un retoque de éstos para «maquillarlos» o si más bien sería necesaria una reforma en profundidad. Si se abordara esta reforma, en algún momento, se deberían tener presentes determinadas referencias.

Por una parte, están los usuarios del inglés náutico, entre otros:

- Oficiales de la marina mercante y tripulantes.
- Prácticos y vigías o auxiliares de prácticos.
- Operadores de STM.
- Centros radiomédicos.
- Responsables de la lucha contra la contaminación.
- Patrones de remolcadores.
- Agentes marítimos o consignatarios.
- Autoridades (aduanas, inmigración, sanidad).
- Operadores de terminales (contenedores, graneles sólidos, productos químicos, hidrocarburos, gas, etc.).
- Estibadores.
- Proveedores de servicios (provisiones, consumo, agua).
- Operadores de radios costeras.
- Oficiales SAR de los centros de coordinación de salvamento marítimo (CCSM) o *maritime rescue coordination centres (MRCC)*.
- Oficiales de las unidades SAR (helicópteros, remolcadores de altura y embarcaciones de salvamento).

Por otra parte, está el mundo académico y técnico:

- Expertos en inglés marítimo y en comunicaciones presentes en los distintos comités de los organismos internacionales, como la OMI o la IALA/AISM.
- Autores de libros y manuales de inglés técnico-marítimo.
- Profesores de inglés de las escuelas superiores de marina civil (ESMC) y de otros centros de formación marítima.

Se trataría, básicamente, de que la distancia entre el mundo real y el académico, reconocida como uno de los problemas de la universidad en España, se reduzca al mínimo

Figura 4. Operaciones de entrada y salida de buques de carga y pasaje en el puerto de Barcelona auxiliadas por remolcadores.

posible. Es decir, que el inglés que el alumno aprende en la escuela superior de marina civil le sea de la máxima utilidad en su vida profesional y le permita acceder a un mercado de trabajo internacional, cumpliendo la normativa internacional vigente. El dominio del inglés será un factor determinante en el éxito o fracaso de sus expectativas profesionales.

Para conseguir ese objetivo de adecuación a las necesidades de un mercado laboral cambiante y a una realidad tecnológica en la que los avances son cada vez más rápidos, es fundamental tener en cuenta el mundo académico y técnico. En él se incluye a los profesionales en activo, a esos agentes de campo que son los auténticos sensores capaces de detectar las carencias de los jóvenes que se incorporan a la profesión, y también los aspectos en los que su preparación es la correcta.

Está por realizar un estudio en profundidad que revele el grado de satisfacción del sector marítimo con la formación de los titulados náuticos en general, y con los conocimientos de inglés en particular. La satisfacción o insatisfacción del sector revelarían claramente la adecuación o el desfase de los programas de formación y de los criterios de evaluación aplicados a los alumnos de marina civil en relación con las auténticas necesidades del mercado laboral del transporte marítimo moderno. Mientras tanto, puede hacerse un intento por acotar mínimamente el campo sobre el que tendrían que trazarse las líneas generales de un programa de inglés técnico-marítimo para el siglo XXI, con especial atención al concepto de inglés normalizado. Antes, no obstante, conviene hacer una breve mención al concepto de inglés para fines específicos, como marco general en el que se inscribe el inglés náutico.

3　Inglés para fines específicos

El mercado de cursos relacionados con la enseñanza del inglés presenta una creciente oferta de programas específicos vinculados a una determinada actividad o, más concretamente, a una profesión. Así, al margen de la innumerable serie de cursos de inglés general con todas las metodologías imaginables, hay cada vez más cursos de inglés para médicos, hombres de negocios, abogados, expertos en comercio internacional, controladores de tráfico aéreo, ingenieros o técnicos y, también, para marinos.

Según Widdowson, el inglés para fines específicos es una forma de inglés «que se ajusta a una serie de principios y procedimientos que definen una profesión determinada». En este caso, la profesión sería la de marino en general, sin precisar si se trata de oficiales de puente o máquinas ni si el marino desarrolla su actividad a bordo o en tierra, en esa productiva interfaz marítimo-portuaria en la que actúan los prácticos, los operadores de STM, los operadores de radiocosteras, etc.

Por otra parte, los marinos no titulados, tanto personal de maestranza como tripulantes, también están cada vez más obligados a tener unos conocimientos «suficientes» para el desarrollo de su actividad, aunque obviamente no podrá exigirse que esos conocimientos sean del mismo nivel que el de los oficiales titulados.

En términos generales, el inglés náutico es una variedad del inglés utilizada por la comunidad marítima internacional para conseguir una comunicación efectiva en la actividad diaria, tanto a bordo como en los intercambios de mensajes barco-barco, barco--tierra o tierra-barco. Esta comunidad marítima internacional va más allá de los propios marinos y de los que están en contacto directo con ellos, y se extiende a un colectivo mucho más amplio, algunos de cuyos miembros ya fueron mencionados en el apartado anterior. ¿Qué hay, pues, de específico en el inglés náutico?

Aunque desde un punto de vista pragmático todo uso del idioma es específico, parece obvio que al menos en lo que se refiere al léxico sí existe un amplio repertorio de términos técnicos náuticos o marítimos que pueden considerarse específicos. En el campo de la sintaxis las diferencias son mínimas, y las peculiaridades, en cuanto a un predominio o ausencia de determinadas estructuras sintácticas, escasas. Si se comparan la sintaxis de un manual del usuario de un radar anticolisión ARPA *(automatic radar plotting aids)*, por ejemplo, con la sintaxis del manual de instrucciones de un microondas, probablemente no se detectarían variaciones significativas.

Parece, pues, que, al margen de un vocabulario específico y una selección de estructuras lingüísticas propias del inglés general que se adaptan al contexto marítimo de cada mensaje concreto, poco más hay de particular en el inglés náutico. Dentro del campo de la Lingüística Aplicada esto permite seguir dos direcciones para buscar la base sobre la que desarrollar un enfoque actualizado del estudio del inglés técnico-marítimo: el análisis del discurso y el enfoque pragmático.

Estos dos recursos pueden materializarse en la grabación de diálogos y conversaciones obtenidos de la vida real, tanto de los que se desarrollan a bordo como de los de intercambios de información por radio, las denominadas *comunicaciones externas*. Otra fuente de información sobre la que cabe aplicar este enfoque basado en el pragmatismo y el análisis de los rasgos característicos del discurso serían los textos técnicos, por supuesto recientes, relacionados con las distintas disciplinas propias del oficio de marino: navegación, meteorología, comunicaciones, derecho marítimo, teoría del buque, construcción naval, economía, tecnología naval, etc.

En cualquier caso, volviendo al pragmatismo, está claro que un oficial de marina mercante debe ser capaz de entender y hacerse entender en inglés con otros oficiales y profesionales del mundo marítimo para desarrollar su trabajo. Las razones por las que el inglés es la *lingua franca* del transporte y del comercio marítimos se apuntaban brevemente en la introducción y se exponen a continuación con más detalle.

4   Algunas razones para el uso del inglés como *lingua franca* en el mundo marítimo

Las razones de uso del inglés en el mundo marítimo como *lingua franca* son principalmente de índole histórica, económica y sociocultural.

Desde el punto de vista histórico, el inglés se consolidó como lengua internacional coincidiendo en el tiempo con el desarrollo de la revolución industrial en Reino Unido y con el incremento del comercio internacional, que supuso la exportación de productos manufacturados en la metrópoli y la importación de materias primas, no sólo desde las colonias, sino desde cualquier lugar del mundo. La mayor parte de las mercancías de este comercio se transportaba en buques ingleses, por lo que de una forma natural el inglés se fue imponiendo en los puertos, siguiendo una tendencia que se consolidaría durante la última guerra mundial y la segunda mitad del siglo xx, y que se ha desarrollado paralelamente con la implantación del inglés como lengua del transporte aéreo.

En el campo económico, la hegemonía de Estados Unidos ha relevado al Imperio británico en su papel de liderazgo mundial y la mayor parte de la documentación asociada a las transacciones comerciales en general y al transporte marítimo en particular, como pólizas de fletamentos, cartas de protesta, hojas de tiempos, pólizas de seguros, diarios de navegación, etc., está confeccionada en inglés.

En cuanto a las razones socioculturales, parece obvia la necesidad social de un idioma internacional que sirva de referencia y encuentro a los ciudadanos de distintas procedencias lingüísticas para entenderse. El esperanto ha fracasado claramente como

Figura 5. El uso del inglés como lingua franca *afecta por igual a todos los tipos de navegación marítima, tanto a la dedicada al transporte de mercancías como a la especializada en el transporte de viajeros.*

alternativa, entre otras razones porque este idioma artificial se basa exclusivamente en lenguas del tronco indoeuropeo, con lo que a oídos de un asiático o africano esta lengua suena absolutamente extraña. En junio de 1975, a raíz de la adopción de la entonces llamada International Maritime Consultive Oganization (IMCO), precursora de la actual OMI, del inglés como lengua internacional del transporte marítimo, la propia British Esperanto Association emitió una nota de prensa de la que se selecciona el siguiente párrafo:

> The British Esperanto Association today launched a strong attack on the International Maritime Consultive Organisation for its chauvinistic solution to the language problem by pushing English as the International language. [...] The use of English has been in decline at international level in recent years... The general move towards Esperanto has been accelerated by the growing awareness that English is not the effective solution to the language problem in aviation. [...]

No parece, sin embargo, que a medio o largo plazo haya una alternativa real al uso del inglés como idioma internacional y menos tras el desembarco masivo de esta lengua en internet. En cuanto al ámbito del transporte marítimo, su arraigo secular hace que la posición del inglés esté todavía más consolidada si cabe, a pesar de la continua incorporación de marinos provenientes de otras áreas lingüísticas.

5   El marco del Convenio de Formación (STCW-95)

En el proceso de diseño de un programa o currículo de inglés náutico para un oficial de marina mercante hay que tener en cuenta, además del enfoque pragmático y del análisis del discurso mencionados anteriormente, una serie de referencias de las cuales el Convenio de Formación es una de las fundamentales, pues obliga a los países ribereños signatarios a cumplirlo.

El Convenio de Formación 95, con sus anexos y modificaciones, es lo que se denomina un *convenio de mínimos.* Es decir, en él, en concreto en el Código de Formación, se establecen los programas y los contenidos mínimos que conforman los estudios de náutica en un escenario internacional, y se detallan el conocimiento, la comprensión y la aptitud que debe poseer un oficial de la marina mercante para poder tener su licencia profesional y acceder a los distintos cargos como oficial de puente o máquinas.

La parte A del Código de Formación define los criterios de competencia que deben cumplir los marinos. Las disposiciones obligatorias sobre formación y evaluación están especificadas en la sección A-I/6 del Código de Formación. Estas disposiciones contemplan aspectos como la cualificación de los instructores, la formación en el empleo, la evaluación de la competencia y la formación dentro de una institución. Por otro lado, la parte B de dicho código establece recomendaciones no obligatorias acerca de la formación y la evaluación.

En relación con todo ello, el Convenio de Formación de 1995, enmendado en agosto de 2010 en la Conferencia de Manila, presenta algunos cambios. Así, aparecen nuevos términos que no existían en el texto anterior; estos términos organizan jerárquicamente los distintos niveles de responsabilidad a bordo y, en función de los distintos niveles, se asignan también diversos grados de competencia. Algunos de los nuevos términos son:

- *Standard of competence* (norma de competencia): marca el nivel de aptitud o competencia necesario para ejercer un cargo determinado a bordo.
- *Management level* (nivel de gestión): significa el nivel de responsabilidad asociado a los cargos superiores: capitán, primer oficial, jefe de máquinas y primero de máquinas, así como a la garantía de que las funciones asignadas a un ámbito de responsabilidad determinado se desempeñan adecuadamente.
- *Operational level* (nivel operacional): es el nivel de responsabilidad asociado con los cargos de oficial de guardia, maquinista de guardia para máquinas desatendidas periódicamente y oficial de radio, así como con el mantenimiento de un control directo sobre las tareas asignadas a bordo bajo la dirección de un cargo del nivel de gestión definido anteriormente.

Es responsabilidad de las administraciones de cada país asegurarse de que las instituciones encargadas de proporcionar la formación marítima dispongan de procedimientos que garanticen que la formación ofrecida cumple con los criterios de competencia del Convenio de Formación.

En lo que concierne a aspectos más concretos referidos al inglés marítimo y contenidos en este convenio, se puede hacer mención de la tabla A-II/1, que especifica las normas mínimas de competencia aplicables a los oficiales encargados de la guardia de navegación en buques de arqueo bruto igual o superior a 500 TRB (toneladas de registro bruto). En el apartado de navegación a nivel operacional, en el cuadro de competencia, se establece la «utilización del vocabulario normalizado de navegación marítima sustituido por las frases normalizadas de comunicación marítima y la utilización del inglés escrito y hablado».

En cuanto a conocimiento, comprensión y aptitud, dicha tabla establece la necesidad de un:

> [...] conocimiento adecuado de la lengua inglesa que permita al oficial la utilización de cartas de navegación y demás publicaciones náuticas, la comprensión de la información meteorológica y de los mensajes referidos a la seguridad del buque y su funcionamiento, la comunicación con otros buques y con las estaciones costeras y el desarrollo de las tareas de oficial incluso con una tripulación de distintos orígenes lingüísticos, incluyéndose la capacidad de utilizar y comprender el vocabulario normalizado de navegación marítima según se sustituye por las frases normalizadas de comunicación marítima.

También se establecen en la tabla criterios generales para la demostración de la competencia: «Se interpretan correctamente o están debidamente redactadas las publicaciones náuticas y mensajes en lengua inglesa pertinentes para la seguridad del buque; las comunicaciones son claras y se comprenden».

La tabla A-II/4 del Código de Formación especifica las normas mínimas de competencia aplicables a los marineros que formen parte de la guardia de navegación y trata sobre la función de navegación a nivel de apoyo, en cuyo apartado de competencia establece la necesidad de «gobernar el buque y cumplir las órdenes dadas al timonel y también si se dan en inglés».

La correcta comprensión e interpretación de las órdenes al timón es vital para conseguir una navegación segura, especialmente en aquellas circunstancias en las que las posibilidades de accidentes aumentan exponencialmente, como pueden ser las recaladas, la navegación por estuarios y ríos, las maniobras de atraque y desatraque y, en general, todo el tiempo en el que se navega con práctico a bordo.

A este respecto conviene destacar el desconocimiento de la interpretación correcta de algunos aspectos absolutamente básicos, como pueden ser las órdenes normalizadas al timón, especialmente de las expresiones *steady* para «derecho» y *steady as she goes* para «derecho como va».

Figura 6. Imagen del Queen Mary 2, *considerado el mayor crucero del mundo con sus 345 metros de eslora, 41 de manga y 72 de altura, y 150.000 toneladas de peso, propiedad del armador británico Cunard, atracado en el puerto de Las Palmas.*

Es sorprendente comprobar como incluso prácticos y capitanes con muchos años de experiencia utilizan estas expresiones de forma inadecuada, sin saber realmente cuál es el significado exacto de estas órdenes y cuáles son las diferencias entre ellas.

La misma tabla A-II/4, en el apartado de conocimiento, comprensión y aptitud, especifica: «Órdenes al timonel».

En cuanto a los criterios para evaluar la competencia: «Las comunicaciones son claras y concisas en todo momento, y se acusa recibo de las órdenes según las buenas prácticas marineras».

Como se desprende de esta tabla, no sólo los oficiales están obligados a tener una competencia lingüística en inglés, sino también los marineros que hacen guardia en el puente, especialmente los que ejercen de timoneles, una función absolutamente clave para una navegación segura.

El cuadro A-III/1 establece la especificación de las normas mínimas de competencia aplicables a los oficiales de máquinas que deban encargarse de la guardia en cámara de máquinas provista de dotación o designados para prestar servicio en cámara de máquinas sin dotación permanente.

En el apartado de función, maquinaria naval operacional, se establece en el cuadro de competencia: «Empleo del inglés escrito y hablado».

En el cuadro de conocimientos, comprensión y aptitud: «Conocimiento suficiente del inglés, de modo que el oficial pueda utilizar las publicaciones sobre maquinaria naval y desempeñar sus funciones al respecto».

En el cuadro de evaluación de la competencia: «Se interpretan correctamente las publicaciones en lengua inglesa de interés para los cometidos del oficial de máquinas. Las comunicaciones son claras y concisas».

En cuanto al cuadro A-IV/2, que especifica las normas mínimas de competencia aplicables a los operadores del Sistema Mundial de Socorro y Seguridad Marítimos, en el apartado de función: Radiocomunicaciones, a nivel operacional, en el cuadro de conocimientos, comprensión y aptitud, se establece en el punto 5: «Utilización del Código internacional de señales y del *Vocabulario normalizado de navegación marítima,* sustituido éste por las Frases normalizadas de comunicación marítima».

Y en el punto 6: «Inglés hablado y escrito para comunicar información relacionada con la seguridad de la vida humana en el mar».

El cuadro de criterios de evaluación de la competencia se redacta en los siguientes términos: «Los mensajes en inglés relacionados con la seguridad del buque y de las personas a bordo y con la protección del medio marino se tramitan correctamente».

La redacción de estas normas es deliberadamente ambigua en determinados aspectos, como en tantos otros textos de la OMI, y deja amplio margen para que las autoridades marítimas y los estamentos responsables de la formación materialicen esas indicaciones en programas concretos.

No obstante, quedan claras las continuas referencias a las *Frases normalizadas de la OMI para las comunicaciones marítimas* o *IMO Standard Marine Communication Phrases (SMCP),* que constituyen hasta ahora el esfuerzo más intenso para establecer un corpus concreto y coherente de material didáctico y de uso práctico dirigido tanto a los futuros marinos como a los actuales profesionales.

6   Otras referencias normativas que contemplan el uso de las frases normalizadas de la OMI

El uso de las frases normalizadas de la OMI no acaba de imponerse y generalizarse en el día a día de las comunicaciones marítimas por radio entre los buques o entre los buques y las estaciones de tierra. Son varias las razones que explican la falta de «éxito» de este protocolo de comunicaciones, una de ellas es seguramente el desconocimiento del marco regulatorio internacional que tiene la mayor parte de los usuarios potenciales de las frases.

Existen varias referencias normativas, aparte del Convenio de Formación analizado en el apartado anterior, que recomiendan, apoyan y justifican el uso de dichas frases. Estas referencias emanan principalmente de la OMI y de la IALA/AISM.

Cuando se habla de normativa marítima se suele hacer una distinción entre normativa dura y normativa blanda: la primera es aquella que se incorpora en algún momento al marco regulatorio nacional, mientras que la segunda es la que no llega nunca a aparecer como tal en el *Boletín Oficial del Estado* (BOE), por poner el ejemplo del caso español. La normativa dura por excelencia en este caso es el Convenio de Formación, del que el Estado español es signatario y que, por tanto, está obligado a cumplir, y la normativa blanda viene dada por una serie de referencias que, por su interés, se reproducen parcialmente a continuación, en el original de su texto en inglés y con el texto que menciona las frases normalizadas de la OMI resaltado:

6.1 Resolución OMI A.857 (20)

Guidelines relating to vessel traffic services:

ANNEX I, Section 2.4.1: Communications between a VTS authority and a participating vessel should be conducted in accordance with the Guidelines and Criteria for Ship Reporting systems and should be limited to information essential to achieve the objectives of the VTS. *IMO Standard Marine Communication Phrases should be used where practicable.*

Esta resolución gobierna la prestación de los servicios de tráfico marítimo y la formación y titulación de los operadores de STM. Como se observa en su anexo I, se mencionan específicamente las frases normalizadas de la OMI como el protocolo que se ha de utilizar en el contexto de las comunicaciones entre un operador de STM y un buque participante, aunque la frase «cuando sea factible» es un ejemplo más de la deliberada ambigüedad con la que muy a menudo se redactan los textos de la OMI.

6.2 Resolución OMI A.918 (22)

IMO Standard Marine Communication Phrases:

The assembly,

RECALLING Article 15 (j) of the Convention on the International Maritime Organization concerning the functions of the Assembly in relation to regulations and guidelines concerning maritime safety,

RECALLING ALSO resolution A.380 (X) by which it adopted the Standard Marine Navigational Vocabulary,

RECALLING FURTHER the provisions of regulation V/14.4 of the International Convention for the Safety of Life at Sea, 1974, requiring that on all ships to which chapter I thereof applies, English shall be used on the bridge as the working language for bridge-to-bridge and bridge-to-shore safety communications as well as for communications on board between the pilot and bridge watchkeeping personnel unless those directly involved in the communications speak a common language other than English,

RECOGNIZING that the standardization of language and terminology used in such communications would assist the safe operation of ships and contribute to greater safety of navigation,

RECOGNIZING ALSO the wide use of the English language for international navigational communications and the need to assist maritime training institutions to meet the objectives of safe operations of ships and enhanced navigational safety through, *inter alia,* the standardization of language and terminology used,

HAVING CONSIDERED the recommendations of the Maritime Safety Committee at its sixty-eight and seventy-fourth sessions,

1. ADOPTS *the IMO Standard Marine Communication Phrases* set out in annex 1 to the present resolution;
2. AUTHORIZES the Maritime Safety Committee to *keep the IMO Standard Marine Communication Phrases under review* and to amend them when necessary in accordance with the procedure set out in Annex 2 to the present resolution;
3. RECOMMENDS *Governments to give the IMO Standard Marine Communication Phrases a wide circulation* to all prospective users and all maritime education authorities, in order to support compliance with the standards of competence as required by table A-II/1 of the STCW Code;
4. REVOKES resolution A.380 (X).

Para explicar esta resolución, aprobada en noviembre de 2001 en la 22.ª Asamblea de la OMI, hay que remontarse al accidente del *Scandinavian Star,* que tuvo lugar en el Báltico el 7 de abril de 1990 y que se describe con más detalle en al capítulo 4. No deja de ser significativo el período de tiempo que transcurre entre el accidente que inicia el proceso y la aprobación final de las frases: más de once años…, lo que da una idea del ritmo con el que se mueven determinadas cuestiones en el seno de la OMI y de las dificultades que sus expertos deben afrontar para poner de acuerdo intereses a menudo muy contrapuestos.

En esos once años se recorre un largo camino para actualizar el antiguo *Vocabulario normalizado de navegación marítima,* aprobado en 1977, un camino del que son hitos significativos el encargo que hizo el Comité de Seguridad Marítima (MSC) al Subcomité de Seguridad Marítima (NAV) en su 60.º período de sesiones (1992) para que se revisara y ampliara el mencionado vocabulario, la aprobación por parte del mismo MSC en su 68.º período de sesiones (1997) del proyecto de frases elaborado por el NAV, la revisión y aportación de informes por parte de los Gobiernos a lo largo de varios años y, finalmente, la aprobación en noviembre de 2001. Este proceso se analiza con más detalle en el capítulo 2.

Entrando en el detalle del texto de la resolución, conviene analizar brevemente el mensaje que la Asamblea de la OMI manda a los Gobiernos en el apartado 3. En ese párrafo están las claves para entender la importancia de las frases normalizadas, pues en él se alude a los usuarios potenciales y a las autoridades docentes, es decir, a los profesionales del mundo del transporte marítimo que utilizan el inglés en las comunicaciones por radio, y a los alumnos que en las escuelas de náutica se preparan para entrar en ese mercado de trabajo. Estos dos amplísimos colectivos son los destinatarios naturales de las frases, entre los que los Gobiernos están obligados a darles la máxima difusión para cumplir el compromiso asumido con la firma del Convenio de Formación, en concreto con lo establecido en el Cuadro A-II/1 del Código de Formación, como deja bien claro el texto.

6.3 Resolución OMI A.960 (23)

Recommendations on training and certification and operational procedures for maritime pilots other than deep-sea pilots:

Annex 1

7 Syllabus for pilotage certification or licensing

7.1.22. *IMO Standard Marine Communication Phrases*

Annex 2

6 Communications language

6.1 *Pilots should be familiar with the IMO Standard Marine Communication Phrases* and use them in appropriate situations during radiocommunications as well as during verbal exchanges on the bridge. This will enable the master and officer in charge of the navigational watch to better understand the communications and their intent.

Esta resolución hace dos menciones específicas de las frases normalizadas en sus anexos 1 y 2. En el anexo 1, apartado 7 (Plan de Estudios para la obtención del título o licencia de práctico) y en el anexo 2, apartado 6 (Idioma utilizado para las comunicaciones).

En el apartado 7 del anexo 1 se enumera una larga lista de materias que deben formar parte del programa, o plan de estudios como dice la resolución, para la obtención del título de práctico. En el caso del apartado 22 no hay espacio para la ambigüedad: «las frases normalizadas de la OMI para las comunicaciones marítimas», sin aditamento alguno.

Por otra parte, en el anexo 2 (Recomendación sobre procedimientos operacionales para prácticos que no sean de altura), en su apartado 6, se alude a la necesidad de que los prácticos estén familiarizados con las frases de la OMI y las utilicen tanto en sus comunicaciones por radio como cuando se encuentren a bordo, en el puente. Parece, pues, inequívoco que también los prácticos, junto con los operadores de STM y los oficiales de guardia, están obligados a adherirse a este protocolo de comunicaciones.

Esta resolución de la OMI inspira la resolución de 14 de marzo de 2008, de la Dirección General de la Marina Mercante española, por la que se establecen los cursos de formación permanente y de reciclaje de los prácticos, en la que se indica como una de las materias que componen el curso de formación la siguiente: «Comunicación-IMO Standard Marine».

Una vez abandonado el paraguas de la OMI, se puede acceder al ámbito de la IALA-AISM para explorar las referencias de normativa internacional que gobiernan la formación del personal de servicios de tráfico marítimo; la Recomendación V-103 es el documento clave en este aspecto.

6.4 Recomendación IALA V-103

Standards governing VTS personnel training and certification. Table 1. VTS operator competence: columns for competence and knowledge, understanding and proficiency:

Competence: *Use of Standard Marine Navigational Vocabulary, as replaced by the IMO Standard Marine Communication Phrases,* and use English and any other language authorized by the Government in written and oral form.

Knowledge, understanding and proficiency: English and other languages authorised by the Government.

Adequate knowledge of the English language and the language authorized by the Government to enable the operator to use charts, publications and regulations, understand meteorological, waterway, port management and safety information and to, communicate with other ships, shore facilities and agencies, including the ability to use and understand the *Standard Marine Navigational Vocabulary, as replaced by the IMO Standard Marine Communication Phrases.*

Como ya se mencionó anteriormente, la Recomendación V-103 de la IALA/AISM establece las normas de formación y titulación de los operadores de STM y tiene un formato similar al del Código de Formación, con los mismos cuadros de enseñanza por objetivos y las mismas columnas de conocimientos, comprensión y aptitud. No obstante, las semejanzas, en el caso del inglés, van mucho más allá, hasta el punto de que se hace prácticamente un «corta y pega» del texto del Código de Formación para incorporarlo tal cual a la Recomendación V-103, como no podía ser de otra manera, pues si los operadores de STM tienen que interactuar con los buques participantes, deberán manejar el mismo protocolo de comunicaciones que los oficiales de guardia a bordo de los buques. Nadie se imaginaría a los pilotos de aviación y a los controladores de tráfico aéreo manejando códigos de comunicaciones en inglés diferentes...

6.5 *IALA Model Course V-103/1*

VTS operator. Part b, module 1: language, section 2: subject framework:

Aims

On completion of the course, trainees will have knowledge of the English language and its composition and structure in respect of maritime terminology and the *OMI Standard Marine Communication Phrases to enable them to carry out the duties of a VTS Operator using the English language.*

De nuevo en este caso se encuentra una mención directa de las frases de la OMI, en el apartado de objetivos incluido en el módulo 1 del programa del curso. Éste consta de ocho módulos y no deja de ser significativo que el primero sea el de inglés, pues esa posición no es trivial y pone de manifiesto la importancia que esta materia tiene para el futuro operador de STM.

Queda, pues, patente la larga serie de referencias normativas de la OMI, de la IALA-AISM y del BOE, con menciones claras e inequívocas de las *Frases normalizadas de la OMI para las comunicaciones marítimas.* Estas referencias apoyan y justifican el uso de este protocolo de comunicaciones por parte de los profesionales del transporte marítimo y su aprendizaje por parte de los alumnos de las escuelas de náutica, tal como deja bien claro la Resolución A.918 de la OMI.

Capítulo 2

Vocabulario normalizado de navegación marítima
Antecedentes, análisis y estructura

1   Orígenes

Los primeros intentos de normalización del lenguaje utilizado en el ámbito marítimo internacional tuvieron lugar en 1973. En este año, la entonces denominada International Maritime Consultive Organization (IMCO), precursora de la actual Organización

Figura 7. *Portada de la edición de 1985 del* Vocabulario normalizado de navegación marítima, *publicado por la OMI.*

Marítima Internacional, decidió por medio del Comité de Seguridad Marítima, en su 27.º período de sesiones, que la lengua común empleada en el ámbito marítimo debería ser el inglés y que era necesario establecer el nivel de conocimientos de esta lengua y el vocabulario necesarios para poder navegar con seguridad.

Posteriormente se redactó un grupo muy reducido de frases denominadas *frases de seguridad* o *safety phrases*. La definición de estas frases era la siguiente:

> A group of words, which must be exactly geared to the incident concerned, and which must be uttered without variation by everyone of any nationality when finding themselves involved in the incident concerned.

Las frases estaban, pues, redactadas para su utilización en circunstancias excepcionales de peligro, en las que claramente el buque, su tripulación o ambos estuvieran en riesgo. La mayor parte de estas frases podían ir precedidas del indicador de mensaje de socorro «MAYDAY», que significa «estoy en peligro y solicito ayuda inmediata».

Este primer paso fue decisivo, pero pronto se advirtió que el camino que se debía recorrer era mucho más largo y había que ir más allá del limitado repertorio de frases diseñado en aquel primer intento. Así nació el *IMCO Standard Marine Navigational Vocabulary (SMNV)* o *Vocabulario normalizado de navegación marítima* de la IMCO, una expansión del corpus inicial que iba más allá de las situaciones de emergencia para abarcar un número de circunstancias mucho más amplio, y no necesariamente vinculado a los mensajes de socorro.

Tras un período de pruebas, dicho vocabulario fue adoptado por la Asamblea de la IMCO en 1977, mediante la Resolución A.380 (X), en la que, entre otras cosas, se recomendaba a los Gobiernos miembros que lo difundieran profusamente entre los profesionales del mundo marítimo y, especialmente, entre los responsables de la formación de los futuros marinos: escuelas de marina civil, centros de formación marítima, etc. También se animaba a que los Gobiernos miembros transmitieran a la IMCO las observaciones y comentarios formulados por los usuarios a propósito de la nueva publicación, para que pudiera ser evaluada y mejorada en el futuro.

En 1978, el Convenio internacional sobre normas de formación, titulación y guardia para la gente de mar exigió que todos los oficiales de marina mercante responsables de la guardia de navegación en buques de más de 200 toneladas de registro bruto debieran tener la aptitud necesaria para comprender y utilizar el *Vocabulario.* El apéndice de la Regla II/4 Mandatory Minimum Requirements for Certification of Officers in Charge of a Navigational Watch on Ships of 200 GRT or more, titulado «Minimum knowledge required for certification of officers in charge of navigational watch on ships of 200 GRT or more», decía lo siguiente:

> Adequate knowledge of the English language enabling the Officer to use charts and other nautical publications, to understand meteorological in-

formation and messages concerning ship's safety and operation and to express himself clearly in his communication with other ships or coastal stations. Ability to understand and use the *IMCO Standard Marine Navigational Vocabulary.*

El *Vocabulario* fue revisado, modificado y ampliado en los períodos de sesiones 48.º (junio de 1983) y 51.º (mayo de 1985). Precisamente de este año data la versión definitiva del *Vocabulario normalizado de navegación marítima,* destinada a cubrir las necesidades de comunicación tanto a bordo de los barcos como en la transmisión de mensajes barco-barco y barco-tierra.

La versión de 1985 estuvo en vigor hasta noviembre de 2002, diecisiete años, pese a los cambios radicales que el negocio del transporte marítimo fue experimentando durante ese tiempo, tanto en los aspectos tecnológicos como en los de recursos humanos. El *Vocabulario* cumplió una misión en su día, pero, al igual que sucedió con las *safety phrases* iniciales, quedó luego claramente desfasado y, sobre todo, incompleto ante las nuevas realidades aludidas anteriormente. Desde 1997 su estatus de obligatorio no quedaba muy claro, pues las frases normalizadas parecían ocupar su lugar, pero hubo que esperar hasta noviembre de 2001 para que la Resolución OMI A.918 (22) revocara la Resolución OMI A.380 (X) anterior.

Por otra parte, no puede dejar de comentarse el hecho cierto de que la implantación real del *Vocabulario* fuera mínima, a pesar de las exigencias planteadas por el Convenio de Formación 78. Recursos tan sencillos y prácticos como, por ejemplo, la utilización de los «indicadores de mensaje» *(question, answer, request, information, intention, warning, advice* o *instruction)* para facilitar su comprensión no han llegado a imponerse con la suficiente claridad en la práctica habitual de las comunicaciones entre marinos, ni siquiera en los ámbitos en los que los operadores representan a una autoridad, como puede ser el caso de los operadores de los servicios de tráfico marítimo.

2　Análisis

En el inicio de la introducción al *Vocabulario normalizado de navegación marítima* se establecen sus dos objetivos fundamentales:

- Coadyuvar al logro de una mayor seguridad de la navegación y en la conducta de los buques.
- Normalizar el lenguaje utilizado en las comunicaciones destinadas a la navegación en la mar, en los accesos a los puertos, en las vías de circulación y en los puertos.

También se subraya el hecho de que el *Vocabulario* es complementario a toda una normativa existente previamente y que está destinada igualmente a alcanzar el objetivo antes mencionado de contribuir a la seguridad marítima en general. Esto es, en ningún momento se pretende contradecir lo establecido en:

- El reglamento internacional para prevenir los abordajes.
- Las recomendaciones de la OMI sobre la organización del tráfico marítimo *(routeing)*.
- El Código Internacional de Señales.
- El Reglamento de la Unión Internacional de Telecomunicaciones.

Uno de los puntos débiles del *Vocabulario* es que el carácter obligatorio de su conocimiento nunca fue respetado, y se considera más bien una publicación cuyo uso simplemente se aconseja o recomienda. Así, los oficiales de marina mercante, y con ellos el resto de los profesionales como operadores de STM, operadores de radios costeras o prácticos, optaron por un uso del inglés más relajado y menos profesional, con el consiguiente aumento de las posibilidades de malentendidos en la transmisión de mensajes.

Por esta razón, el primer objetivo del *Vocabulario*, «coadyuvar al logro de una mayor seguridad de la navegación y en la conducta de los buques», puede considerarse que fue alcanzado sólo parcialmente, por no decir que quedó incumplido. La bienintencionada pretensión inicial de que la constante repetición de las frases, tanto a bordo de los buques como en los centros de formación, llevara a una generalización de las expresiones recogidas en el *Vocabulario* se convirtió en un mero *wishful thinking* que nunca llegó a materializarse y, como consecuencia, la recomendación de que esta terminología normalizada se utilizara con la mayor frecuencia posible y con preferencia a otras expresiones de significado similar no se vio nunca cumplida en su totalidad.

Otra de las limitaciones del *Vocabulario normalizado de navegación marítima* era que no cubría las exigencias establecidas en el Convenio internacional sobre normas de formación, titulación y guardia para la gente de mar de 1978 (STCW-78), puesto que aspectos mencionados en dicho convenio, como la comprensión de cartas y otras publicaciones náuticas, la información meteorológica o los mensajes referentes a la seguridad del buque, no se veían reflejados en el contenido del *Vocabulario.*

En cualquier caso, y a pesar de sus obvias limitaciones, el *Vocabulario* constituyó un primer paso importante para la normalización del inglés náutico, un instrumento útil, aunque incompleto, y un intento de introducir cierto orden en un campo que hasta entonces había estado abandonado.

3   Estructura

El *Vocabulario normalizado de navegación marítima* consta de un preámbulo y una introducción, seguidos de cuatro partes. El preámbulo describe brevemente la gestación de su contenido, la introducción establece sus objetivos y las cuatro partes constituyen el vocabulario en sí.

El contenido es el siguiente:

Foreword
Introduction

Part I - General

1. Procedure/Message markers
2. Standard Verbs
3. Responses
4. Distress/Urgency/Safety messages
5. Miscellaneous Phrases
6. Repetition
7. Position
8. Courses
9. Bearings
10. Distances
11. Speed
12. Numbers
13. Geographical Names
14. Time

Part II - Glossary

1. General
2. Terms used in ships' routeing

Part III - Phrase vocabulary for external communication

Chapter A - Dangers to navigation, warnings, assistance

1. Warnings
2. Assistance

Chapter B - General

3. Anchoring
4. Arrival, Berthing and Departure
5. Course
6. Draught and Air Draught
7. a) Fairway Navigation

b) Canal and Lock operations
8. Manoeuvring
9. Pilotage
10. Position
11. Radar-Ship-to-Ship/Shore-to-Ship/Ship-to-Shore
12. Navigational Warnings
13. Routeing
14. Speed
15. Tide and Depth
16. Tropical Storms
17. Tugs
18. Way Points/Reporting Points/C.I.P.
19. Weather

Chapter C - Special

20. Fishing
21. Helicopters
22. Ice-Breakers

Part IV - Phrase vocabulary for on-board communication

1. Standard wheel orders
2. Standard engine orders
3. Pilotage
4. Manoeuvring
5. Propulsion system
6. Anchoring
    a) Going to anchor
    b) Leaving the anchorage
7. Berthing/unberthing
    a) General
    b) Berthing
    c) Unberthing
8. Radar
9. Tugs
10. Draught and air draught

La parte I, «Generalidades», constituye la base y los fundamentos del uso de un inglés técnico-marítimo normalizado. Es realmente el abecé de lo que deberían ser las comunicaciones en aspectos tan fundamentales como el uso de los indicadores de mensaje, ya mencionados anteriormente, que merecen una atención especial en el apartado 3.3.

La parte II, «Glosario», consta de dos apartados, «Generalidades» y «Expresiones» utilizadas en la organización del tráfico marítimo *(routeing)*.

El apartado de «Generalidades» es una breve y tal vez arbitraria relación de 27 términos considerados clave, pero que podría ser ampliada considerablemente, como de hecho se hace en las *Frases normalizadas de la OMI para las comunicaciones marítimas,* en las que el glosario prácticamente se quintuplica, hasta llegar a los 125 términos con sus correspondientes definiciones. En cualquier caso, la selección de términos en ambos casos es, cuando menos, discutible.

En cuanto a las expresiones utilizadas en la organización del tráfico marítimo, están extraídas de la Resolución A.572 (14) titulada «Disposiciones generales sobre organización del tráfico marítimo».

Organización del tráfico marítimo es la expresión por la que se traduce la palabra *routeing,* que alude a los sistemas que los países ribereños establecen en sus costas para facilitar la circulación del tráfico marítimo y de los cuales los más conocidos son los dispositivos de separación de tráfico (DST) o *traffic separation schemes* (TSS), establecidos en lugares de alta densidad de tráfico, como el canal de la Mancha, el estrecho de Gibraltar o la zona de Finisterre.

Aunque no se mencionan en el índice, el *Vocabulario* proporciona también tres esquemas muy útiles para clarificar la denominación de los cabos de atraque y las dimensiones principales del buque, así como de los elementos auxiliares situados en el castillo de proa para la maniobra de dichos cabos.

La parte III, «Fraseología para las comunicaciones del buque con el exterior», es la más extensa y cubre uno de los aspectos más problemáticos del uso del inglés náutico, pues estas comunicaciones se realizan habitualmente con la interfaz de un equipo de radio, con los problemas asociados que esto conlleva (ausencia de lenguaje gestual, distorsión de la voz por el equipo de radio y posible supresión de parte del mensaje por interferencias o porque otra estación «pisa» parte del mensaje al transmitir en el mismo canal).

Para ilustrar este problema de las posibles interferencias es inevitable referirse a un accidente aéreo que tuvo lugar el 27 de marzo de 1977, el día más negro de la historia de la aviación comercial, cuando dos aviones Boeing 747 colisionaron en la pista del aeropuerto de Los Rodeos, hoy Tenerife Norte, y dejaron un balance final de 583 víctimas mortales, todavía hoy la cifra más alta de fallecidos en un accidente en toda la historia de la aviación.

En este accidente concurrieron la mayoría de los factores que suelen aparecer en otras catástrofes importantes: presión comercial, malas condiciones meteorológicas, exceso de confianza, gestión inadecuada de los recursos humanos, falta de disciplina en las comunicaciones, limitaciones de los equipos, etc. Por no hablar de la absoluta mala suerte o del destino, materializados en el despropósito de la acción terrorista que disparó toda la secuencia de acontecimientos que condujeron al fatal desenlace: una bomba

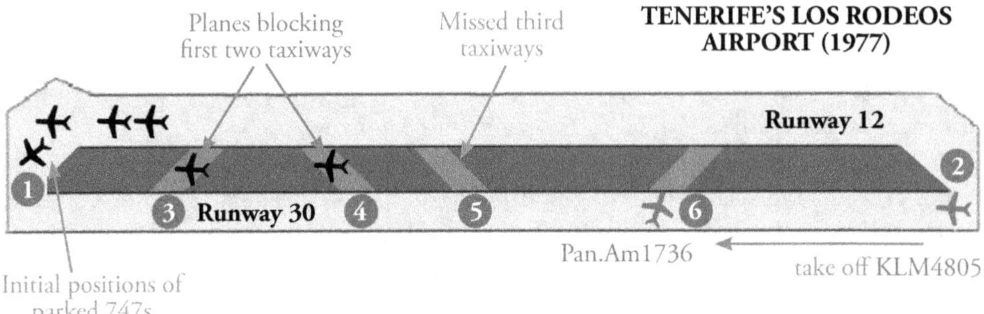

*Figura 8. Esquema de los movimientos efectuados por los aviones afectados
en el accidente del aeropuerto tinerfeño de Los Rodeos, en 1977.*

detonada en el aeropuerto de Las Palmas, como consecuencia del atentado perpetrado por el Movimiento por la Autodeterminación e Independencia del Archipiélago Canario (MPAIAC), que cerró al tráfico aéreo dicho aeropuerto y obligó a que todos los vuelos fueran desviados al pequeño y escasamente equipado aeropuerto de Los Rodeos.

Utilizando el esquema de la figura 8 como apoyo para entender la secuencia de posicionamiento de las dos aeronaves, se puede hacer un breve análisis del papel que desempeñaron las comunicaciones en el accidente. Desde este punto de vista hay dos aspectos que fueron decisivos y que en cierto modo significaron la sentencia de muerte de los 583 pasajeros. El primero fue la ambigüedad de la frase pronunciada por el copiloto del Jumbo de KLM que estaba en la cabecera de la pista listo para despegar y que puede ser entendida indistintamente como «Estamos en el punto de inicio del despegue» o «Estamos iniciando la maniobra de despegue»: *«We are now at take off».*

El segundo aspecto crucial fue la respuesta del controlador aéreo de Los Rodeos: *«Ok, stand by for take off, I will call you».*

La respuesta fue prácticamente ignorada por la tripulación holandesa, porque la mayor parte del mensaje quedó «pisada» por otra comunicación en el mismo canal realizada por el otro avión implicado en el accidente, el Jumbo de Pan Am que trataba de alertar al control de tráfico aéreo (ATC) de Los Rodeos de que ellos estaban todavía rodando por la pista, de tal manera que lo único que pudieron escuchar en la cabina del avión de KLM fue el *«Ok»* inicial, interpretado erróneamente como una autorización para despegar.

Finalmente, la parte IV cubre la fraseología para las comunicaciones a bordo, con especial atención a las órdenes normalizadas al timón y la máquina. Estos dos apartados incluyen no sólo los términos que conviene utilizar, sino también una explicación clara de lo que significan.

Así, por ejemplo:

Steady	Reduce swing as rapidly as possible.
Ease to fifteen	Reduce amount of rudder to 15 and hold.
Hard a port	Rudder to be hold fully over to port.

Full ahead   Maximum manoeuvring engine revolutions for ahead propulsion.

Stand-by engine Engine room personnel fully ready to manoeuvre and bridge manned with personnel to relay engine orders.

4 Los indicadores de mensaje

Una de las aportaciones más significativas de la nueva edición del *Vocabulario* de 1985 fue la incorporación de los indicadores de mensaje, que habían aparecido por primera vez en el *Seaspeak Reference Manual* y en el *Seaspeak Training Manual* (véase la figura 9), un ambicioso proyecto de manuales de inglés náutico para comunicaciones por radio, coordinado por Fred Weeks, capitán de la marina mercante británica y doctor en Lingüística Aplicada.

Figura 9. Portada de una edición del Seaspeak Training Manual.

Estos indicadores fueron inventados por F. Weeks a partir de una situación real, en un contexto más de docencia que de operaciones. Weeks se encontraba impartiendo un curso de inglés náutico a un grupo de prácticos alemanes cuando uno de ellos levantó la mano para solicitar una aclaración y, a la vez que levantaba la mano, pronunció la palabra *frage,* que significa «pregunta» en alemán, es decir, transmitió su mensaje de que iba a realizar una pregunta de dos maneras simultáneas: una mediante lenguaje gestual, alzando el brazo para anticipar su consulta, y otra pronunciando la palabra *frage* para reforzar su demanda.

A partir de este hecho trivial, el capitán Weeks intuyó que en un contexto de ausencia de lenguaje gestual, como el que se produce en las comunicaciones por radio, el uso de una palabra determinada podía sustituir ese elemento esencial de la comunicación, el lenguaje gestual, o al menos paliar su falta en alguna medida. El siguiente paso fue elaborar los indicadores de mensaje:

- Instruction.
- Advice.
- Warning.
- Information.
- Question.
- Answer.
- Request.
- Intention.

Estos indicadores cumplen varios objetivos en el proceso de comunicación por radio, como pueden ser:

- La anticipación del carácter, finalidad o contenido del mensaje.
- La organización de las comunicaciones en mensajes claramente diferenciados.
- La eliminación de las curvas de entonación.

El primer objetivo de los indicadores es anticipar el carácter, finalidad o contenido del mensaje y, por tanto, facilitar su comprensión, de manera que el receptor esté preparado con antelación para entender correctamente el mensaje, evitando confusiones y dudas.

En las comunicaciones por radio, tan frecuentes por otra parte en la actividad marítima, hay que considerar dos aspectos fundamentales que contribuyen a dificultar la correcta comprensión de mensajes que pueden ser vitales para la seguridad de la navegación y las operaciones en entornos portuarios. El primero es la ausencia de lenguaje gestual. Cuando el práctico ya está en el puente del buque dirigiendo la maniobra y dice al oficial de guardia *starboard ten,* y a la vez mueve el brazo hacia estribor, está facilitando que tanto el oficial de guardia como el timonel entiendan perfectamente que

Figura 10. Interior del puente de gobierno de un remolcador.

la orden es meter diez grados de timón a estribor y no a babor. El práctico, pues, puede utilizar el lenguaje gestual como un recurso más para hacerse entender correctamente, en especial si desconfía de la competencia lingüística de los tripulantes que le acompañan en el puente. Sin embargo, cuando se habla por radio, normalmente por VHF, no puede utilizarse el recurso del lenguaje gestual, con lo que la comunicación se hace más difícil. Todo el mundo entiende que es más complicado hablar con otra persona en inglés por teléfono o por radio que cara a cara.

El segundo aspecto, ya ilustrado anteriormente con el ejemplo del accidente de Los Rodeos, es que se utiliza un instrumento de comunicación que, por muy perfecto que sea tecnológicamente, en alguna medida distorsiona la voz tanto en la transmisión como en la recepción. Por otra parte, y a diferencia del teléfono convencional, cuando se habla por radio, según sean la distancia y las condiciones de propagación de las ondas de radio, pueden aparecer interferencias, ruidos e incluso interrupciones por pérdida de la señal de radio, que dificultan aún más la recepción y la correcta comprensión del mensaje.

Volviendo al aula del profesor Weeks, cuando el práctico alemán levantó la mano y a la vez dijo «*Frage*», el campo de posibles mensajes se redujo sustancialmente. Weeks supo por partida doble que el alumno iba a formularle una pregunta: el lenguaje gestual era en cierto modo redundante, pero la palabra *frage* podía sustituir al movimiento de la mano y, por tanto, al lenguaje gestual cuando no puede utilizarse, como en el caso de las comunicaciones por radio.

De la misma forma, cuando un práctico que se dispone a abordar un barco, a veces en mitad de la noche, con mal tiempo y escasa visibilidad, en una zona de aguas restringidas y tráfico intenso, no dispone del apoyo del lenguaje gestual, siempre puede ayudarse de los indicadores de mensaje para evitar ambigüedades o, lo que es peor, crear confusiones en sus comunicaciones con el capitán o con el oficial de guardia del buque que ha de abordar. El uso de indicadores de mensaje en estas y otras muchas circunstancias puede contribuir decisivamente a unas comunicaciones más precisas y seguras, por ejemplo:

INSTRUCTION: Rig pilot ladder on starboard side.

El segundo objetivo de estos indicadores es organizar las comunicaciones en mensajes claros, breves y bien diferenciados unos de otros, como:

INFORMATION: Pilot is coming to you.
QUESTION: What is your maximum draught.

La utilización de indicadores de mensaje adecuados a cada porción de información que quiere transmitirse obliga al emisor a utilizar frases breves y concisas, minimizando así el tiempo de utilización del VHF y permitiendo que el equipo del puente se concentre en la navegación y la maniobra, sin que se distraiga hablando por radio innecesariamente.

Finalmente, el tercer objetivo que cumplen los indicadores de mensaje es la eliminación de las curvas de entonación. Uno de los problemas que se plantean en el ámbito de la multiculturalidad imperante en las tripulaciones actuales es que la mayor parte de los oficiales provienen de países cuya lengua está muy alejada del inglés y que tienen una estructura fonológica y suprasegmental que se aparta radicalmente de las lenguas indoeuropeas en general y del inglés en particular.

Así, según el último informe de Bimco y la ISF sobre el personal marítimo, titulado *Manpower 2010 Update,* se estima en unos 624.000 el número de oficiales que navegan en la actualidad. Las estadísticas del estudio agrupan a estos oficiales, por su origen, en cinco grandes áreas geográficas:

1. Subcontinente indio: 80.000.
2. Extremo Oriente: 184.000.
3. África y Latinoamérica: 50.000.
4. Europa oriental: 127.000.
5. Países de la OCDE: 184.000.

Si se agrupan los oficiales del subcontinente indio y los de Extremo Oriente se obtiene el grupo más numeroso, unos 264.000 oficiales. Está claro que las lenguas que

Figura 11. Puente de gobierno de un buque de transbordo rodado, con sus equipos de navegación y comunicaciones.

se hablan en países como China, Japón, Corea o India están muy alejadas del inglés en todos los aspectos. Su sintaxis, morfología, fonética y ortografía son tan distintas que los oficiales de estos países tienen serias dificultades para conseguir una adecuada competencia lingüística en inglés, las mismas que tendrían los europeos si en unas décadas el poderío económico chino le diera una supremacía a este país que convirtiera el chino mandarín en la *lingua franca* del transporte marítimo y reemplazase al inglés en esa función.

Así, en el campo concreto de las curvas de entonación, cuya eliminación es la tercera función de los indicadores de mensaje, la curva asociada a una pregunta en inglés está muy próxima a la curva de entonación de una orden en japonés, con lo que, por ejemplo, cuando a un oficial japonés se le formula una pregunta en inglés con su curva de entonación asociada, el oficial está recibiendo un mensaje contaminado de un elemento suprasegmental erróneo, es decir, puede interpretar una pregunta como si fuera una orden y, por tanto, cambiar totalmente el sentido del mensaje. Así, en un registro coloquial y relajado es perfectamente posible oír un mensaje que no respete la inversión sujeto-verbo, como: «*Captain, you are going to drop the anchor?*».

Este mensaje puede ser interpretado por el capitán japonés como una orden para fondear, algo totalmente alejado de la intención original, que sería preguntar si el capitán pretendía dar fondo al ancla, con lo que las posibilidades de generar una situación potencial de peligro se ven incrementadas considerablemente.

La misión, pues, de los marcadores de mensaje es eliminar las curvas de entonación sustituyéndolas, en la medida de lo posible, por una entonación plana o neutra o por el correspondiente indicador de mensaje. Es decir, si se antepone a una pregunta el indicador de mensaje *question,* puede eliminarse la curva de entonación correspondiente, ya que ésta sería redundante o innecesaria y a la vez estaría introduciendo un factor de confusión para determinados receptores del mensaje.

En cuanto al resto de los elementos de las «Generalidades», serán tratados en el siguiente capítulo, en el que se abordan las *Frases normalizadas de la OMI para las comunicaciones marítimas.*

Capítulo 3

Frases normalizadas de la OMI para las comunicaciones marítimas

Análisis y estructura

Introducción

A lo largo de las últimas décadas del siglo xx y de la primera del xxi se ha ido desarrollando en el ámbito de la comunidad marítima internacional una creciente preocupación por el aumento de la seguridad en la navegación, así como por la potenciación de medidas tendentes a la protección del medio ambiente en mares y costas.

Esta atención especial a la seguridad se ha intensificado puntualmente a medida que se producía un inevitable goteo de accidentes marítimos, con su consiguiente repercusión en los medios de comunicación y, consecuentemente, en la opinión pública y en los responsables políticos.

Los accidentes más trascendentes son aquellos que presentan un número significativo de víctimas o bien producen un daño considerable al medio ambiente. En términos generales, y desde la catástrofe del *Titanic* hasta las más dramáticas de los últimos años *(Erika, Prestige, Costa Concordia...)*, cada avance en materia de normativa internacional sobre seguridad marítima ha sido impulsado por un accidente de graves consecuencias.

Centrando la atención en los accidentes en los que la falta de un dominio adecuado del inglés, como *lingua franca* adoptada por la OMI, ha sido un factor contribuyente a incrementar la magnitud de pérdidas humanas y materiales sufridas, hay que referirse a dos catástrofes que ilustran la importancia clave de determinadas carencias de formación en tripulaciones cuya lengua materna no es el inglés. La falta de un adecuado nivel de competencia lingüística entre los profesionales a bordo de estos barcos adquiere una relevancia dramática cuando se presentan situaciones de peligro, y los problemas de comunicación contribuyen decisivamente a magnificar las consecuencias más negativas de los accidentes.

Figura 12. Portada de una edición de las Frases normalizadas
de la OMI para las comunicaciones marítimas.

Dos siniestros marítimos concretos pueden servir de referencia para acompañar las reflexiones anteriores. El primero fue el incendio sufrido por el buque de trasbordo rodado *Scandinavian Star,* que se saldó con la muerte de 158 personas, y el segundo fue el embarrancamiento del petrolero *Sea Empress,* con el resultado de pérdidas considerables en el medio ambiente marino y costero del área de Milford Haven en el País de Gales (Reino Unido). En ambos casos, la falta de un nivel adecuado de conocimientos del idioma inglés en general, y del inglés técnico-marítimo en particular, tuvo un papel significativo en el desarrollo de los acontecimientos que terminaron con un balance trágico, de víctimas en un caso y de daños al ecosistema en el otro (unas 78.000 toneladas de crudo fueron vertidas al mar).

1   El caso *Scandinavian Star*

En la madrugada del 7 de abril de 1990, el trasbordador *Scandinavian Star* navegaba desde Oslo (Noruega) hacia Frederikshavn (Dinamarca) con 99 tripulantes y 383 pasajeros cuando se declaró un incendio a bordo. La mayoría de los pasajeros eran noruegos, aunque también los había de Dinamarca y Suecia. Por el contrario, la tripulación del trasbordador era un típico ejemplo de multinacionalidad. En el incendio murieron 158 personas.

Poco antes de las dos de la madrugada del 7 de abril se descubrió un pequeño fuego en un montón de ropa de cama junto al camarote 416, situado en la banda de babor de la cubierta 4. El fuego fue extinguido rápidamente, pero poco después se declaró un segundo incendio en la parte de popa del pasillo de la cubierta 3, cerca de la escalera 2S, en una zona que no era habitualmente utilizada. El fuego se propagó rápidamente sin que la tripulación consiguiera extinguirlo, y a las 02:24 horas el buque envió un mensaje de socorro para transmitir su posición. Ésta era incorrecta y situaba el barco en zona de responsabilidad SAR noruega, pero la situación real estaba 11 millas al oeste de Vaderoarna, en zona de responsabilidad SAR sueca.

Posteriormente, a las 03:20 horas, el capitán consideró que el fuego ya no podía ser controlado, por lo que dio la orden de abandono.

La investigación subsiguiente concluyó que una de las causas que contribuyeron decisivamente a la elevada cifra de víctimas fue la falta de comunicación entre tripulación y pasaje, motivada por el insuficiente conocimiento del inglés por parte de la tripulación. Este desconocimiento, junto con otros factores, dificultó enormemente

Figura 13. El Scandinavian Star *en llamas, en el año 1990.*

la evacuación de los pasajeros y fue una causa más del desafortunado desenlace del accidente, que podría haber tenido unas consecuencias mucho menos graves, ya que el barco no llegó a hundirse y fue remolcado a puerto posteriormente.

Como tantas otras veces, el accidente tuvo sus consecuencias. En sucesivas reuniones de la OMI se llegó a acordar por parte del Subcomité de Seguridad en la Navegación que deberían tomarse iniciativas para evitar que una situación similar pudiera repetirse. Entre estas iniciativas figuraba una revisión completa del *Vocabulario normalizado de navegación marítima* y la elaboración de un corpus cerrado de frases en inglés, dirigido específicamente a la gestión de emergencias y al cuidado de los pasajeros en los buques de pasaje.

Ambas iniciativas se materializaron en los dos documentos siguientes:

– MSC/Circ 673: «On board Communications for Passenger Care».
– MSC/Circ 794: «IMO Standard Marine Communication Phrases».

Estas dos circulares del Comité de Seguridad Marítima van acompañadas de sus anexos con las frases correspondientes.

El accidente del *Scandinavian Star* puede considerarse como el origen de las *Frases normalizadas de la OMI para las comunicaciones marítimas*. Como en tantas ocasiones, en lo que se refiere a normativa marítima, el elevado número de víctimas de este accidente actuó como catalizador para desencadenar una reacción positiva, que llevó a la adopción de reformas destinadas a potenciar la seguridad marítima en el campo de las comunicaciones.

2   El caso *Sea Empress*

El petrolero *Sea Empress* embarrancó debido a un error humano durante la maniobra de aproximación al puerto galés de Milford Haven. Como consecuencia de la encalladura, posterior reflotación y nueva encalladura del buque-tanque, se produjo un importante derrame de crudo que causó un significativo daño al medio ambiente en la zona costera próxima al puerto. Se vertieron 71.800 toneladas entre la varada inicial del 16 de febrero de 1996 y la segunda varada del día siguiente. El barco no pudo ser reflotado y remolcado con éxito hasta el 21 de febrero, y constituyó durante todos estos días una amenaza constante de catástrofe ecológica de consecuencias incalculables.

Sin entrar en los detalles de la operación de salvamento y reflotamiento del buque, hay que considerar, sin embargo, un hecho significativo: en la fase inicial del accidente el remolcador de altura chino *De Yue,* presente en la escena del accidente a las pocas horas de la varada, participó en los primeros intentos para reflotar y mantener el buque en posición. Como declaró lord Donaldson, los problemas de comunicación planteados por el desconocimiento del inglés, y del inglés náutico en particular, por parte de la

Figura 14. Accidente del Sea Empress, *en 1996.*

tripulación del remolcador contribuyeron decisivamente a que el desarrollo de los acontecimientos se complicara de manera determinante en la fase inicial de la emergencia. Son ésos los momentos en que una rápida y eficaz respuesta constituye el único recurso para minimizar las consecuencias del accidente, pues, si la ventana de oportunidad no se aprovecha correctamente a lo largo de las primeras horas, todo se complica posteriormente. El hecho de que se tuviera que recurrir a un cocinero chino de un restaurante cantonés para realizar las funciones de intérprete durante la operación contribuyó a que determinados momentos del salvamento adquirieran tintes tragicómicos, pues al filtrarse este movimiento a la prensa se facilitó que los tabloides londinenses hicieran su agosto y generasen una desmesurada alarma social con sus extravagantes titulares que exageraban el papel desempeñado por el improvisado intérprete en la gestión de la emergencia.

Si tenemos en cuenta que el vertido inicial de crudo, tras la primera varada, fue de 2.500 toneladas «solamente» y que la mayor pérdida de hidrocarburo tuvo lugar durante las bajamares subsiguientes a la segunda varada, hasta alcanzar la cifra de 71.800 toneladas vertidas en total, se podría concluir que las consecuencias finales del accidente se habrían minimizado de manera considerable si el barco hubiese sido reflotado correctamente al primer intento y se hubiese evitado que embarrancara por segunda vez.

No se puede aventurar hasta qué punto las dificultades en la comunicación influyeron en el resultado del accidente, pero parece obvio pensar que, si estas dificultades no hubiesen existido, la intervención del remolcador podría haber sido más eficaz para contribuir a evitar la segunda varada, como consecuencia de la cual se produjo la marea negra. En cualquier caso, los accidentes siempre responden a un cúmulo de circunstancias, y los problemas de comunicaciones se combinaron también con las características

Figura 15. Marea negra tras el accidente del Sea Empress.

del remolcador, que tenía 200 toneladas de tiro, pero carecía de maniobrabilidad y calaba demasiado para aquella zona, pues era un remolcador de altura, diseñado para remolques oceánicos y no para trabajar en aguas tan restringidas como las del canal de acceso a Milford Haven.

Con motivo de una conferencia en el Wakefield Memorial de Southampton, lord Donaldson declaró a propósito de este accidente:

> There can be no more visible demonstration of the need for a common language than the spectacle of a huge Chinese salvage tug which could not be used because none of the crew spoke English.

3   Del *Vocabulario normalizado de navegación marítima* a las *Frases normalizadas de la OMI para las comunicaciones marítimas*

Desde su primera edición en 1977, el *Vocabulario normalizado de navegación marítima* fue revisado varias veces hasta llegar a la edición de 1985, que estuvo en vigor hasta noviembre de 2002.

Después del accidente del *Scandinavian Star* se planteó una revisión y ampliación del *Vocabulario* que lo convirtiera en un documento más útil, capaz de ofrecer un repertorio de frases considerablemente más amplio y actualizado.

El Gobierno federal de Alemania se hizo cargo de materializar el ambicioso proyecto de crear un nuevo corpus de frases que sirviera de referencia para la enseñanza y el uso del inglés técnico-marítimo al numeroso colectivo de profesionales que utilizan el inglés por los mares del mundo, a bordo de buques de cualquier pabellón, en las estaciones radiocosteras, en los centros de STM, en las estaciones de prácticos, en las oficinas de las capitanías portuarias, etc.

El profesor Peter Trenkner fue el encargado de coordinar el proyecto. Desde el principio trató de incorporar al trabajo a las organizaciones representantes de los colectivos de profesionales que utilizarían el libro en el futuro. Así se consiguió la colaboración y participación de las siguientes organizaciones, empresas y asociaciones:

- Doce compañías navieras internacionales.
- British Broadcasting Corporation (BBC).
- Danish State Railways (Ferry Line Division).
- German Association of Maritime English.
- German Federal Chamber of Maritime Pilots.
- German Federal Navy (SAR Command).
- German Shipowners Association.
- International Maritime Organization (varios subcomités).
- Inmarsat.
- Institute for Shiphandling and Simulation (ISUS).
- International Association of Marine Aids to Navigation and Lighthouse Authorities (IALA, Comité STM).
- International Hydrographic Office (IHO).
- International Maritime Lecturers Association (IMLA, Comité de Inglés Marítimo).
- International Maritime Pilots Association.
- International Telecommunications Union.
- Japanese Shipowners Association.
- Norwegian Shipowners Association.
- United States Coast Guard.
- World Meteorological Office.

Además, participaron en el proyecto el capitán y doctor en Lingüística Aplicada F. Weeks, alrededor de 60 operadores de STM de Alemania, 35 prácticos y numerosos capitanes, en su mayoría al mando de tripulaciones de distintas nacionalidades.

Los aspectos metodológicos se trataron tomando como referencia la enseñanza del inglés técnico a los controladores aéreos, y para ello se siguieron las recomendaciones

Figura 16. El remolcador V. B. Cierzo *navegando en aguas portuarias.*

de la International Civil Aviation Organization (ICAO), de la International Aviation English Association y de la Air Traffic Control Academy de Suecia.

Las frases normalizadas de la OMI circularon en una versión de borrador entre distintos colectivos de profesionales vinculados a la actividad marítima entre 1997 y 2001. Tras este período de pruebas, los profesionales consultados aportaron sus comentarios y sugerencias de modificaciones, los cuales se unieron a los informes de varios Gobiernos miembros de la OMI para que el equipo redactor de la versión final elaborara un texto definitivo con vistas a su aprobación por la 22.ª Asamblea de la OMI, que tuvo lugar en noviembre de 2001, y a su posterior publicación.

4 Análisis

Las frases normalizadas de la OMI cumplen con las directrices del Convenio de Formación de 1995 y, tras su publicación en 2002, representan la referencia clave para la enseñanza del inglés técnico-marítimo.

No obstante, hay que destacar la falta de disciplina y rigor profesional con la que normalmente se abordan las comunicaciones marítimas en inglés. La implantación del lenguaje normalizado es mínima y no sólo entre las tripulaciones, sino también entre los profesionales de las estaciones de tierra, quienes están aún más obligados a respetar las convenciones internacionales, por ser representantes de la autoridad competente, como es el caso de los operadores de STM.

La resistencia al uso del inglés normalizado, tanto del antiguo vocabulario como de las actuales frases normalizadas, obedece a varias razones. Una de ellas es la formación inadecuada que en este terreno se imparte en algunos centros de formación marítima, donde no se dedica el tiempo necesario a la asignatura por un diseño curricular equivocado, ni se pone el énfasis necesario en la importancia que tiene para el futuro marino el dominio del inglés general y, especialmente, del inglés técnico-marítimo y el lenguaje profesional normalizado.

Otro intento de regular las comunicaciones marítimas por radio, especialmente por VHF, fue el proyecto Seaspeak. A pesar de la profesionalidad con que el capitán y doctor en Lingüística Aplicada F. Weeks, coordinador y alma máter de este proyecto, abordó la tarea, y de rodearse de un grupo de profesionales del ámbito marítimo y de expertos en Lingüística Aplicada, su difusión o más exactamente la aplicación del sistema Seaspeak a la realidad ha sido muy limitada. Aunque esto no evita que el resultado del proyecto haya sido probablemente el mejor manual sobre comunicaciones marítimas publicado hasta la fecha.

No sólo los marinos, sino también los operadores de STM, por ejemplo, como representantes de una autoridad competente, están todavía más obligados que los propios usuarios del servicio, oficiales y capitanes a mantener la máxima disciplina y profesionalidad posible en las comunicaciones por VHF y a cumplir con las convenciones internacionales; en especial con el Convenio de Formación, que exige el uso de la parte A de las frases normalizadas de la OMI y recomienda el uso de la parte B, con la Recomendación V-103 de la IALA/AISM, y con las Resoluciones de la OMI A.857 (20), A.918 (22) y A.960 (23), que aluden de forma inequívoca a dichas frases.

Por otro lado, está el asunto de la responsabilidad legal. En el entorno de los servicios de tráfico marítimo, tanto portuarios como costeros, todas las comunicaciones por VHF quedan grabadas y a disposición de las autoridades judiciales en caso de accidente. No deja de ser significativo a este respecto que las primeras informaciones reclamadas por el juzgado de Corcubión, en la costa de Galicia, tras el accidente del *Prestige* fueran las cintas con las grabaciones de las comunicaciones realizadas por radio desde Finisterre Tráfico con los diferentes buques y aeronaves implicados en el accidente.

Si se produce una varada, una colisión o cualquier otro accidente en el que previamente haya tenido lugar un intercambio de información entre el buque y el centro de STM o una estación de practicaje, y ese intercambio de mensajes ha sido confuso o malinterpretado en algún momento y, por tanto, ha podido contribuir al accidente, parece obvio pensar que la parte que más se haya desviado del inglés normalizado y del respeto a las convenciones internacionales estará en una posición más débil en cuanto a su posible implicación o responsabilidad.

Las *Frases normalizadas de la OMI para las comunicaciones marítimas* representan un avance respecto al *Vocabulario normalizado de navegación marítima*. Como ya

Figura 17. Lancha de un servicio de practicaje en el interior de un puerto.

se ha mencionado, dicho vocabulario no se había revisado entre 1985, año de la última edición de este texto, y 2001, año en que quedó revocado por la Resolución A.918 (22).

En esos dieciséis años, la realidad del transporte marítimo había cambiado radicalmente con la aparición de nuevas tecnologías y sistemas. El Sistema Mundial de Socorro y Seguridad Marítimos (SMSSM), las cartas electrónicas (ECDIS), el GPS diferencial, los sistemas de identificación automática (AIS), las naves de alta velocidad (HSC), los sistemas de registro de datos de la travesía *(voyage data recorder* o VDR), la integración de información radar, AIS y ECDIS en una única imagen de tráfico, el desarrollo exponencial de los STM o los sistemas de identificación y seguimiento de buques a grandes distancias *(long range identification and tracking* o LRIT), entre muchos otros aspectos, exigían una puesta al día de la terminología náutica ofrecida por el vocabulario de la OMI, que se había quedado inevitablemente obsoleto, arrastrado por la marea tecnológica y la evolución del transporte marítimo.

Para hacerse una idea del avance y de los cambios presentados por las *Frases normalizadas de la OMI para las comunicaciones marítimas* basta decir que, mientras que en el antiguo *Vocabulario normalizado de navegación marítima* no había ninguna referencia al entorno STM, en las primeras existen varios capítulos dedicados a las comunicaciones en éste, agrupados en el apartado A1/6 Vessel Traffic Services (VTS) Standard Phrases:

- A1/6 Application of Message Markers
- A1/6.1 Phrases for acquiring and providing data for a traffic image
- A1/6.2 Phrases for providing VTS services
- A1/6.3 Phrases between adjacent VTS
- A1/6.4 Phrases for communication with emergency services and allied services

El futuro de las frases normalizadas no se clarificó en el 21.º período de sesiones de la Asamblea de la OMI como estaba previsto, por lo que hubo que esperar hasta el período siguiente, dos años más tarde, para su definitiva aprobación mediante la Resolución A.918 (22), titulada Frases normalizadas para las comunicaciones marítimas.

El borrador inicial de este conjunto de frases había sido publicado por primera vez el 15 de junio de 1997 mediante la circular MSC/Circ 794 del Comité de Seguridad Marítima; en ella se informaba de que dicho comité, reunido del 28 de mayo al 6 de junio en su 68.º período de sesiones, había examinado el proyecto de las frases preparado por el Subcomité de Seguridad en la Navegación y aprobado su difusión. Como en su día se hizo con el *Vocabulario normalizado de navegación marítima*, el comité recomendaba a los Gobiernos miembros que desarrollasen pruebas de las frases a bordo de los buques, en los centros de formación marítima, en las organizaciones de búsqueda y rescate, en las oficinas hidrográficas, en los centros de STM, en los servicios de practicaje, en las autoridades portuarias y entre todos aquellos que estuvieran implicados en comunicaciones marítimas y que pudieran ser futuros usuarios de las frases.

Finalmente, se solicitaba a los Gobiernos que remitiesen a la OMI sus informes sobre los resultados de las pruebas mencionadas antes de marzo de 1999, para que fueran valorados por el Subcomité de Seguridad en la Navegación en su 45.º período de sesiones, en el que, siguiendo el plan trazado en la circular 794, se modificó el texto para que esta versión final fuera considerada en la siguiente Asamblea General de la OMI en noviembre de 1999. No obstante, hubo que esperar dos años más hasta su definitiva adopción en noviembre de 2001, en la 22.ª Asamblea de esta organización.

Un aspecto fundamental de las frases normalizadas es que se trató de elegir en todos los casos la redacción más simple, clara y fácil de memorizar entre las innumerables combinaciones posibles o existentes para expresar una determinada acción, una pregunta, una recomendación, una intención, etc. Es decir, se buscó la máxima sencillez posible en las frases, por lo que, de esta forma, nunca presentan relaciones subordinadas complejas, ni estructuras morfológicas difíciles, ni vocabulario sofisticado, más allá de la propia terminología náutica.

5   Estructura

El avance que significaron las *Frases normalizadas de la OMI para las comunicaciones marítimas* se manifiesta en términos cualitativos y cuantitativos, aunque este segundo aspecto es el que más llama la atención, puesto que el número de frases se vio aumentado considerablemente.

En cuanto a la estructura, se mantuvo prácticamente idéntica a la del *Vocabulario,* es decir, un preámbulo, una introducción y cuatro partes principales:

- General
- Glossary
- Part A1. External communication phrases
- Part A2. On-board communication phrases (A)
- Part B. On-board communication phrases (B)

En la parte I, «Generalidades», se introdujeron algunos cambios, como la incorporación de nuevos apartados que no aparecían en el *Vocabulario.* Estos apartados son los siguientes:

- Spelling
- Message markers
- Standard organizational phrases
- Repetition
- Readiness
- Ambiguous words

Por otra parte, se suprimieron algunos de los apartados anteriores:

- Standard verbs
- Miscellaneous phrases

En cuanto al «Glosario», también se incorporó un número considerable de nuevos términos, aunque el criterio de selección sigue siendo discutible.

Los cambios más importantes están en las partes A, External communication phrases, y B, On-board communication phrases, que fueron considerablemente ampliadas, con el objetivo principal de cumplir con las prescripciones establecidas en el Convenio internacional sobre normas de formación, titulación y guardia para la gente de mar, 1978, en su forma enmendada en 1995, en lo que se refiere a los conocimientos de inglés náutico (véase el apartado 1.6 El marco del Convenio de Formación 95).

La parte III del *Vocabulario* constaba de tres capítulos:

- Chapter A - Dangers to navigation, warnings, assistance
- Chapter B - General
- Chapter C - Special

Por el contrario, las nuevas frases se organizaron en un número de apartados más completo y racional, y la parte A1, External communication phrases, consta de los siguientes apartados:

1. Distress traffic
2. Urgency traffic
3. Safety communications
4. Pilotage
5. Specials
6. Vessel Traffic Services (VTS) Standard Phrases

Como ya se mencionó, una de las limitaciones sustanciales del *Vocabulario* era que no cumplía con el Convenio de Formación 95 en aspectos tan primordiales como el de las comunicaciones de socorro, urgencia y seguridad *(distress, urgency, security)*. Esta carencia fue corregida en las nuevas *Frases* con un capítulo completo para cada uno de estos tres tipos de mensaje.

Figura 18. Operación de amarre de un buque mercante al muelle auxiliada por una lancha.

Otra aportación importante reside en el capítulo dedicado a las comunicaciones de los STM. La fuerte implantación y el continuo crecimiento de éstas ponían en evidencia la ausencia de frases para este tipo de comunicaciones en el vocabulario normalizado anterior.

Otro capítulo que sufrió modificaciones, y que se amplió considerablemente, es el dedicado al practicaje, que pasó de un breve apartado en el vocabulario normalizado con 23 frases a tres apartados en el nuevo documento:

A1/4.1 Pilot request
A1/4.2 Embarking/disembarking pilot
A1/4.3 Tug request

Finalmente, la parte A2, On-board communication phrases, también sufrió modificaciones importantes.

En el vocabulario normalizado, la parte IV constaba de diez apartados:

1. Standard wheel orders
2. Standard engine orders
3. Pilotage
4. Manoeuvring
5. Propulsion system
6. Anchoring
7. Berthing/unberthing
8. Radar
9. Tugs
10. Draught and air draught

En las nuevas *Frases,* la estructura de la parte correspondiente a las comunicaciones a bordo cambió totalmente, ya que se introdujeron cuatro capítulos independientes:

B1 Operative shiphandling
B2 Safety on board
B3 Cargo and cargo handling
B4 Passenger care

Es de destacar la incorporación de las frases necesarias para la atención al pasaje, siguiendo la línea iniciada a raíz del accidente del *Scandinavian Star* con la circular MSC/Circ 673: «On board Communications for Passenger Care». En el momento de publicación de este libro, está por analizar el accidente del *Costa Concordia,* en enero de 2012, en el que habrá que investigar el papel que pudieron desempeñar las comunicaciones entre la tripulación y el pasaje en el episodio de abandono del buque.

Figura 19. Imagen del accidente del buque crucero Costa Concordia *frente a la costa de la isla de Giglio, en 2012.*

La estructura completa de las nuevas frases normalizadas para las comunicaciones marítimas, tal como aparecen en la publicación *IMO Standard Marine Communication Phrases,* editada en septiembre de 2002, es la siguiente:

Introduction

1. Position of the IMO SMCP in maritime practice
2. Organization of the IMO SMCP
3. Position of the IMO SMCP in maritime education and training
4. Basic communicative features
5. Typographical conventions

General

1. Procedure
2. Spelling
3. Message markers
4. Responses
5. Distress/urgency/safety signals

6. Standard organizational phrases
7. Corrections
8. Readiness
9. Repetition
10. Numbers
11. Positions
12. Bearings
13. Courses
14. Distances
15. Speed
16. Time
17. Geographical names
18. Ambiguous words

Glossary

1. General terms
2. VTS special terms

IMO STANDARD MARINE COMMUNICATION PHRASES: PART A

A1 External communication phrases

A1/1 Distress traffic

    A1/1.1 Distress communications
1. Fire, explosion
2. Flooding
3. Collision
4. Grounding
5. List, danger of capsizing
6. Sinking
7. Disabled and adrift
8. Armed attack/piracy
9. Undesignated distresss
10. Abandoning vessel
11. Person overboard

    A1/1.2 Search and rescue communications
1. SAR communications (specifying or supplementary to A1/1.1)
2. Acknowledgement and/or relay of SAR messages

3. Performing/coordinating SAR operations
4. Finishing with SAR operations

A1/1.3 Requesting medical assistance

A1/2 Urgency traffic
Safety of a vessel (other than distress)

1. Technical failure
2. Cargo
3. Ice damage

A1/3 Safety communications

A1/3.1 Meteorological and hydrological conditions
1. Winds, storms, tropical storms; sea state
2. Restricted visibility
3. Ice
4. Abnormal tides

A1/3.2 Navigational warnings involving
1. Land or seamarks
2. Drifting objects
3. Electronic navigational aids
4. Seabottom characteristics, wrecks
5. Miscellaneous
5.1. Cable, pipe and seismic/hydrographic operations
5.2. Diving operations, tows, dredging operations
5.3. Tanker transhipment
5.4. Offshore installations, rig moves
5.5. Defective locks or bridges
5.6. Military operations
5.7. Fishery

A1/3.3 Environmental protection communications

A1/4 Pilotage

A1/4.1 Pilot request
A1/4.2 Embarking/disembarking pilot
A1/4.3 Tug request

A1/5 Specials

   A1/5.1 Helicopter operations
   A1/5.2 Icebreaker operations
     1. Icebreaker request
     2. Icebreaker assistance for convoy
     3. Icebreaker assistance in close coupled towing

A1/6 Vessel Traffic Services (VTS) Standard Phrases

   A1/6.1 Phrases for acquiring and providing data for a traffic image
     1. Acquiring and providing routine traffic data
     2. Acquiring and providing distress traffic data

   A1/6.2 Phrases for providing VTS services
     1. Information service
       1.1. Navigational warnings
       1.2. Navigational information
       1.3. Traffic information
       1.4. Route information
       1.5. Hydrographic information
       1.6. Electronic navigational aids information
       1.7. Meteorological warnings
       1.8. Meteorological information
       1.9. Meteorological questions and answers

     2. Navigational assistance service
       2.1. Request and identification
       2.2. Position
       2.3. Course

     3. Traffic organization service
       3.1. Clearance, forward planning
       3.2. Anchoring
       3.3. Arrival, berthing and departure
       3.4. Enforcement
       3.5. Avoiding dangerous situations, providing safe movements
       3.6. Canal and lock operations

   A1/6.3 Handing over to another VTS

A1/6.4 Phrases for communications with emergency services and allied services
1. Emergency services (SAR, fire fighting, pollution fighting)
2. Tug services
3. Pilot request
4. Embarking/disembarking pilot

Appendix to A1 – External communication phrases
Standard GMDSS messages

1. Standard distress message
   1. Structure
   2. Example

2. Standard urgency message
   1. Structure
   2. Example

3. Standard safety message
   1. Structure
   2. Example

A2 On-board communication phrases

A2/1 Standard wheel orders
A2/2 Standard engine orders
A2/3 Pilot on the Bridge

A2/3.1 Propulsion system
A2/3.2 Manoeuvring
A2/3.3 Radar
A2/3.4 Draft and air draft
A2/3.5 Anchoring
   1. Going to anchor
   2. Leaving the anchorage

A2/3.6 Tug assistance
A2/3.7 Berthing and unberthing
   1. General
   2. Berthing
   3. Unberthing

IMO Standard Marine Communication Phrases: part B

B1 Operative shiphandling

B1/1 Handling over the watch

    B1/1.1 Briefing on position, movement and draft
      1. Position
      2. Movements
      3. Draft

    B1/1.2 Briefing on traffic situation in the area
    B1/1.3 Briefing on navigational aids and equipment status
    B1/1.4 Briefing on radiocommunications
    B1/1.5 Briefing on meteorological conditions
    B1/1.6 Briefing on standing orders and bridge organization
    B1/1.7 Briefing on special navigational events
    B1/1.8 Briefing on temperatures, pressures and soundings
    B1/1.9 Briefing on operation of main engine and auxiliary equipment
    B1/1.10 Briefing on pumping of fuel, ballast water, etc.
    B1/1.11 Briefing on special machinery events and repairs
    B1/1.12 Briefing on record keeping
    B1/1.13 Handing and taking over the watch

B1/2 Trim, list and stability

B2 Safety on board

B2/1 General activities

    B2/1.1 Raising alarm
    B2/1.2 Briefing crew and passengers
    B2/1.3 Checking status of escape routes
    B2/1.4 Checking status of lifeboats/life rafts
    B2/1.5 Ordering evacuation
    B2/1.6 Roll call
    B2/1.7 Ordering abandon vessel
    B2/1.8 In-boat procedures

B2/2 Occupational safety

    B2/2.1 Instruction
    B2/2.2 Practical occupational safety
    B2/2.3 Occupational accidents

B2/3 Fire protection and fire fighting

    B2/3.1 Fire protection
        1. Checking status of equipment

    B2/3.2 Fire fighting and drills
        1. Reporting fire
        2. Reporting readiness for action
        3. Orders for fire fighting
        4. Cancellation of alarm

B2/4 Damage control

    B2/4.1 Checking equipment status and drills
    B2/4.2 Damage control activities
        1. Reporting flooding
        2. Reporting readiness for action
        3. Orders for damage control
        4. Cancellation of alarm

B2/5 Grounding

    B2/5.1 Reporting groundings and ordering immediate actions
    B2/5.2 Reporting damage
    B2/5.3 Orders for refloating
    B2/5.4 Checking seaworthiness

B2/6 Search and rescue on-board activities

    B2/6.1 Checking equipment status
    B2/6.2 Person-overboard activities
    B2/6.3 Rescue operation - reporting readiness for assistance
    B2/6.4 Conducting search
    B2/6.5 Rescue activities
    B2/6.6 Finishing with search and rescue operations

B3 Cargo and cargo handling

B3/1 Cargo handling

B3/1.1 Loading and unloading
1. Loading capacities and quantities
2. Dockside/shipboard cargo handling gear and equipment
3. Preparing for loading/unloading
4. Operating cargo handling equipment and hatches
5. Maintaining/repairing cargo handling equipment
6. Briefing on stowage and securing

B3/1.2 Handling dangerous goods
1. Briefing on nature of dangerous goods
2. Instructions on compatibility and stowage
3. Reporting incidents
4. Action in case of incidents

B3/1.3 Handling liquid goods, bunkers and ballast - pollution prevention
1. Preparing safety measures
2. Operating pumping equipment
3. Reporting and cleaning up pollutions
4. Ballast handling
5. Tank cleaning

B3/1.4 Preparing for sea

B3/2 Cargo care

B3/2.1 Operating shipboard equipment for cargo care
B3/2.2 Taking measures for cargo care
1. Carrying out inspections
2. Describing damage to the cargo
3. Taking actions

B/4 Passenger care

B4/1 Briefing and instruction

B4/1.1 Conduct of passengers aboard

    1. General information on conduct of passengers aboard
    2. Briefing on prohibited areas, decks and spaces

B4/1.2 Briefing on safety regulations/preventive measures and communications
    1. The general emergency alarm
    2. Preventing/reporting fire
    3. PA announcements on emergency
    4. Person overboard
    5. Protective measures for children

B4/2 Evacuation and boat drill

B4/2.1 Allocating/directing to assembly stations, describing how to escape
B4/2.2 Briefing on how to dress and what to take to assembly stations
B4/2.3 Performing roll call
B4/2.4 Briefing on how to put on lifejackets
B4/2.5 Instruction on how to embark and behave in lifeboats/ liferafts
B4/2.6 On scene measures and actions in lifeboats/liferafts

B4/3 Attending to passengers in an emergency

B4/3.1 Informing on present situation
B4/3.2 Escorting helpless passengers

Procedure for amending the IMO Standard Marine Communication Phrases

Resolution A.918 (22)

6   Estatus de las frases normalizadas de la OMI

Por lo que se refiere a su ámbito de aplicación, se han producido distintos cambios desde el primer borrador, la circular 794 del CSM de 10 de junio de 1997, hasta el documento definitivo de la Resolución OMI A.918 (22) y la publicación oficial 1987E de la OMI.

En cuanto al estatus de aplicación, en la introducción de las *Frases normalizadas de la OMI para las comunicaciones marítimas* se establece una división en parte A y parte B. La parte A, External communication phrases, se considera como una sustitución del *Vocabulario normalizado de navegación marítima,* cuya comprensión y utilización está exigida por el cuadro A-II/1 del Código de Formación de 1995. Es, pues, la parte que se puede considerar como obligatoria. Esta parte A se ve completada con frases para utilizar a bordo, especialmente con el práctico en el puente, que también tienen el estatus de obligatorias, pues corresponden a la Regla 14(4), capítulo v, del Convenio Internacional para la Seguridad de la Vida Humana en la Mar (Solas). En conclusión, la parte A es la más importante por su carácter obligatorio.

Como ejemplo concreto del contenido de dicha sección A, en el capítulo 5 se analiza una parte sustancial de las frases para las comunicaciones con el exterior, la correspondiente a las frases normalizadas de la OMI para los servicios de tráfico marítimo (STM), que por su relevancia y características conforman un aporte clave a la seguridad marítima en el contexto de la interacción tierra-buque-tierra.

En cuanto a la parte B, estas frases se presentan como complementarias a la parte A y se recomienda su enseñanza, pero su uso se considera de carácter discrecional y no obligatorio como en el caso de las frases para comunicaciones con el exterior, por su vinculación con los dos convenios internacionales mencionados anteriormente. La parte B es de uso recomendado, pero no obligatorio.

Capítulo 4

Las frases normalizadas de la OMI para los servicios de tráfico marítimo

Introducción

Como ya se analizó en el apartado dedicado al estatus de las frases normalizadas de la OMI, en el capítulo anterior, la parte A es la denominada *External communication phrases* o fraseología para las comunicaciones del buque con el exterior. Este capítulo sufrió una amplia revisión respecto al que aparecía con el mismo nombre en el *Vocabulario normalizado de navegación marítima,* y una de las aportaciones más significativas del nuevo documento fueron las frases relacionadas con los servicios de tráfico marítimo, un sector claramente emergente en el transporte marítimo actual, que contribuye a mejorar la seguridad de la navegación en aquellas zonas más críticas y proclives a ser escenario de accidentes: dispositivos de separación de tráfico, zonas costeras con gran densidad de tráfico, áreas de recalada en puertos, rutas de navegación en aguas poco profundas, etc.

Las frases normalizadas destinadas a su uso en la prestación de servicios de tráfico marítimo pueden ser un excelente ejemplo de cómo se puede aplicar un corpus cerrado de frases a un contexto concreto de interacción entre el oficial de guardia responsable de la navegación del buque y el operador de STM, responsable de la prestación de un servicio de tráfico marítimo en cualquiera de sus tres niveles: información a la navegación, asistencia a la navegación y organización del tráfico.

1   Concepto de «servicios de tráfico marítimo»

La expresión *servicios de tráfico marítimo* aparece como traducción directa de las palabras inglesas *vessel traffic services,* a las que a menudo se alude por sus iniciales VTS, y que

Figura 20. Imagen del interior de un centro de servicios de tráfico marítimo en Dinamarca.

corresponden a las iniciales STM en español. Como ocurre con otros muchos términos técnicos, a veces se olvida o se malinterpreta el origen de una abreviatura o de un acrónimo, y la expresión cobra vida propia y se utiliza como si fuera una palabra con un contenido semántico determinado, cuando en realidad el término aparece artificialmente para aludir a una realidad nueva. Tal es el caso de, por ejemplo, *radar,* que en realidad es un acrónimo formado con las iniciales de *radio detection and ranging,* pero que hoy se utiliza como una palabra más, sin que la mayoría de los hablantes recuerden o conozcan su origen como acrónimo. En el caso de VTS se encuentra a veces la expresión *vessel traffic systems,* pero ésa es una utilización del término incorrecta, que aparece sobre todo en textos de origen norteamericano.

Dos definiciones clásicas pueden servir de referencia para clarificar el concepto de STM. La primera pertenece al libro titulado *Vessel Traffic Systems,* publicado en 1986, en cuya introducción Charles W. Koburger Jr define dichos servicios como «el conjunto de personal, procedimientos operativos, equipos y normativa que se utilizan para gestionar el tráfico marítimo en una zona marítima determinada».

La segunda definición se encuentra en la Resolución A.857 (20) de la OMI, adoptada el 27 de noviembre de 1997 bajo el título Directrices relativas a los Servicios de Tráfico Marítimo, y en ella se establece:

Un STM es un servicio establecido por una autoridad competente conce-
bido para acrecentar la seguridad y la eficacia del tráfico marítimo y la protección del medio ambiente. El servicio tendrá capacidad de interacción con
el tráfico y de responder a las circunstancias del tráfico en la zona del STM.

Esta definición ha sido incorporada al *IALA Vessel Traffic Services Manual,* publicación de referencia obligada para todo lo relacionado con los STM.

En Estados Unidos la definición de los STM establecida por el Código de Normativa Federal es prácticamente la misma que la de la OMI, pero sustituye la expresión
autoridad competente por la de *guardacostas* para presentar la siguiente redacción:

Servicios de tráfico marítimo significa un servicio establecido por el Guardacostas de Estados Unidos, según el apartado 161 de este capítulo, para
acrecentar la seguridad y la eficacia del tráfico marítimo y la protección del
medio ambiente. El servicio tendrá capacidad de interacción con el tráfico
y de responder a las circunstancias de tráfico en la zona del STM.

La definición de la OMI aporta aspectos clave para aproximarse al concepto de
STM, como pueden ser los de autoridad competente, seguridad y eficacia del tráfico,
protección del medio ambiente e interacción. Los ejes en torno a los que gira la política
marítima internacional en las últimas décadas son la seguridad, la protección del medio
ambiente y la protección marítima (en el sentido de *security* y no de *safety)*. Pero estos
dos objetivos no pueden perseguirse a cualquier precio, pues en un mercado tan globa-
lizado como el del negocio marítimo la eficacia y la competitividad son factores clave
que se deben tener en cuenta a la hora de establecer una nueva normativa. Este equili-
brio entre intereses comerciales y seguridad es el nudo gordiano que hay que deshacer
en un buen número de casos concretos que implican nuevas regulaciones, y así sucede
también en el ámbito de los STM.

En cualquier caso, hoy no se puede entender un puerto moderno de cierta enti-
dad sin unos STM eficaces. Ninguno de los diez puertos más importantes del mundo
(Shanghái, Ningbo, Singapur, Róterdam, Tianjin, Guangzhou, Quingdao, Quinhuang-
dao, Hong Kong y Busan) podría funcionar sin unos STM eficaces que gestionaran los
grandes volúmenes de tráfico que manejan. Esa gestión debe contribuir a la seguridad,
pero a la vez potenciar la capacidad de movimiento de mercancías y facilitar las maniobras de fondeo, entrada, atraque, carga y descarga, desatraque y salida, que es el objetivo
primordial de cualquier puerto.

La protección del medio ambiente se deriva del aumento de la seguridad en el tráfico
marítimo. Lógicamente, si se disminuyen las posibilidades de colisiones y varadas se re-
duce considerablemente la amenaza de derrames de hidrocarburos, de ahí que los STM
y los sistemas de notificación de buques obligatorios sean especialmente necesarios en
zonas ecológicamente sensibles.

Finalmente, la interacción es el rasgo distintivo que caracteriza a los STM respecto a otras ayudas a la navegación. A menudo, y especialmente desde el punto de vista de la responsabilidad por accidentes, se han comparado los STM con cualquier otra ayuda a la navegación, como pueden ser los faros o el balizamiento. Sin embargo, estas ayudas son de carácter pasivo, mientras que los STM tienen la capacidad de interactuar con los barcos, básicamente mediante las comunicaciones por VHF, y este rasgo de interacción proporciona una dimensión especial a este tipo de servicios. Así, un capitán que recala con su barco en una zona de aguas restringidas y tráfico complicado no puede interrogar a los faros o a la boya de recalada, pero sí puede establecer una comunicación con el operador STM que le permita acceder a información vital sobre el tráfico y otras circunstancias importantes para una navegación segura. Esa interacción se realiza mediante comunicaciones por radio y en inglés, por lo que queda patente la importancia de un dominio adecuado de los protocolos de comunicación en ese idioma.

Un factor que se debe considerar para la clasificación de los distintos tipos de STM es el marco geográfico en el que se prestan los servicios. Así, se pueden distinguir tres clases principales de STM: portuarios, fluviales o de estuario y costeros.

En la escena internacional, los STM portuarios pueden en principio depender de la autoridad portuaria, de la capitanía marítima o el capitán de puerto, o de las federaciones o asociaciones de prácticos. Esta dispersión se extiende a las especificaciones concretas de los servicios, que pueden variar considerablemente de un puerto a otro, incluso dentro del mismo país. El espectro de especificaciones puede extenderse desde un sistema simple de participación voluntaria, basado exclusivamente en notificaciones por VHF, hasta un sistema complejo que combine los STM con sistemas de organización de tráfico y notificación de buques y que sea de participación obligatoria.

Un ejemplo podría ser el puerto de Hamburgo y su zona de acceso a través del río Elba, que combina un sistema de notificación obligatoria con los STM prestados desde Cuxhaven, Brunsbüttel y Hamburgo mediante Cuxhaven Elbe Traffic, Brunsbüttel Elbe Traffic y Hamburg Port Control. Estos centros trabajan coordinadamente con los servicios de practicaje localizados en las estaciones de prácticos de Cuxhaven, Brunsbüttel y Hamburgo, y disponen de cobertura radar para toda la zona de navegación costera inmediata al área de recalada y para todo el río Elba hasta el puerto.

Los STM costeros pueden estar localizados en aguas internacionales o en estrechos por los que fluye una alta densidad de tráfico, como el canal de la Mancha o el estrecho de Gibraltar, y esta dimensión internacional hace que los sistemas de notificación obligatoria asociados a los STM tengan que ser aprobados por la OMI (Caldovrep, Gibrep, Ausrep, etc.).

El concepto inicial de STM se ha desarrollado con el paso del tiempo y ha dado lugar a nuevos tipos de servicios con un campo de acción más amplio. En ese terreno aparecen enfoques más avanzados, como el de VTMIS *(vessel traffic management and information services)*. Estos servicios de gestión e información de tráfico marítimo suponen un paso adelante en cuanto a complejidad y posibilidades para los distintos usuarios, y pueden definirse como el conjunto de esfuerzos (medidas, disposiciones, servicios y funciones relacionadas) que persigue por una parte minimizar los riesgos que amenazan la seguridad y el medio ambiente y, por otra, maximizar la eficacia de los medios de transporte marítimo respondiendo así a la creciente demanda de los sectores público y privado de facilitar la gestión del transporte de mercancías por aguas navegables.

En un mundo cada vez más global debido al intercambio creciente de información, una tendencia que se refuerza progresivamente en el ámbito de los STM y VTMIS apunta hacia una gradual interconexión entre los distintos centros de STM. Una muestra de esta tendencia es el desarrollo de proyectos ambiciosos de creación de redes a escala local, regional e internacional en distintos marcos geográficos, como puede ser

Figura 21. Torre de control de tráfico en el puerto de Gijón (Asturias).

el proyecto VTMIS-NET o la implantación del SafeSeaNet para la Unión Europea. En este sentido, en el ámbito del Estado español, conviene destacar la publicación en el BOE del Real Decreto 201/2012, de 23 de enero, por el que se establece el sistema de seguimiento y de información sobre el tráfico marítimo, que traspone la Directiva 2011/15/UE de la Comisión relativa al establecimiento de un sistema comunitario de seguridad y de información sobre el tráfico marítimo.

La Directiva 2011/15/UE modifica las referencias a la Resolución MSC.150 (77) de la OMI, derogada por la Resolución MSC.286 (86) de dicha organización, por lo que se actualizaron las referencias y se sustituyeron unas referencias por otras.

El cambio de los anexos II y IV de dicha directiva afecta a la actualización de las prescripciones relativas a la instalación a bordo de los buques de los sistemas de identificación automática (AIS/SIA) y del registrador de datos de la travesía (VDR/RDT), adaptándolas a las enmiendas introducidas por el Solas, y también se refiere a la implantación, para ciertas categorías de buques, de los VDR/RDT simplificados, aprobados por la OMI, así como a la determinación del alcance de las exenciones a las que pueden acogerse los buques de pasaje pequeños en trayectos cortos.

El concepto de los STM evolucionó a lo largo de la segunda mitad del siglo XX para pasar de ser una simple ayuda para facilitar la recalada de un barco y el embarque del práctico a un sistema más complejo, en el que intervienen factores relacionados con el avance de las nuevas tecnologías en navegación y comunicaciones, las consideraciones medioambientales y, sobre todo, el énfasis que la normativa internacional está poniendo en todo lo relacionado con la formación, los recursos humanos y los sistemas de calidad y seguridad. La importancia creciente de estos aspectos se materializa claramente en regulaciones internacionales como el Convenio de Formación (STCW-95) o el Código ISM (International Safety Management).

Finalmente, no se debe olvidar, respecto a la relación coste-beneficio que debe acompañar cualquier estudio de viabilidad para la implantación de nuevos STM, el valor intrínseco de dichos servicios en cuanto a su poder preventivo. La apreciación de este valor puede ser incierta o dudosa cuando no han sucedido accidentes importantes en una determinada zona, pero el ejemplo paradigmático en este caso es el accidente del *Exxon Valdez*. Cuando embarrancó, el Gobierno de Estados Unidos quedó completamente a contrapié, pues su política marítima en relación con los STM estaba en pleno proceso de reducción de costes y servicios. La catástrofe medioambiental producida por el vertido de crudo masivo, en una zona tan ecológicamente sensible como la de aquellas lejanas aguas, produjo un efecto inmediato en la revisión de unas políticas que con los acontecimientos se revelaron estar equivocadas.

En los capítulos siguientes se presentan los apartados de la Resolución 918 (22) de la OMI que tratan específicamente de las frases normalizadas para los STM, a modo de ejemplo de cómo se puede contextualizar el inglés normalizado en un campo muy concreto de aplicación.

2   Frases normalizadas de la OMI para los STM traducidas al español (Resolución A.918 [22])

A1/6

FRASES NORMALIZADAS DE LA OMI PARA LOS SERVICIOS DE TRÁFICO MARÍTIMO (STM)
VESSEL TRAFFIC SERVICES (VTS) STANDARD PHRASES

APPLICATION OF MESSAGE MARKERS	USO DE LOS INDICADORES DE MENSAJE
In order to especially facilitate shore-to-ship and ship-to-shore communication or when one of the IMO Standard Marine Communications Phrases will not fit the meaning desired, one of the following eight message markers may be uses to increase the probability of the purpose of the message being properly understood. It is at the discretion of the shore personnel or the ship's officer whether to use one of the message markers and if so which of them to apply depending on the user's qualified assessment of the situation. If used, the message markers is to be spoken preceding the message or the corresponding part of the message. The IMO VTS Guidelines recommend that in any message directed to a vessel it should be clear whether the message contains information, advice, warning, or instruction and IMO Standard Marine Communication Phrases should be used where practicable. For further standardized VTS communications, also see other sections of Part A1. For VTS Standard Reporting Procedures, see IMO resolutions A.851(20) on General Principles for Ship Reporting Systems and Ship Reporting Requirements, including guidelines for reporting incidents involving dangerous goods, harmful substances and/or marine pollutants.	Para facilitar en particular las comunicaciones tierra-buque y buque-tierra, o cuando el significado del mensaje no queda cubierto con una frase normalizada de la OMI para las comunicaciones marítimas, puede utilizarse uno de los siguientes ocho indicadores de mensaje para incrementar la probabilidad de que el mensaje se entienda correctamente. Queda a discreción del personal en tierra o del oficial del buque si desea utilizar los indicadores de mensaje, y su elección depende de cómo evalúe la situación un usuario competente. Si se utiliza, el indicador del mensaje se mencionará antes del mensaje o de la parte correspondiente del mensaje. Las directrices sobre los STM de la OMI recomiendan que en cualquier mensaje dirigido a un buque quede claro si se trata de una información, recomendación, aviso o instrucción y, de todas formas, siempre que esto sea posible, conviene usar las frases normalizadas para las comunicaciones marítimas de la OMI. En otras secciones de la parte A1 figuran otras comunicaciones normalizadas con los STM. Por lo que respecta a los procedimientos normalizados de notificación que siguen los STM, véase la resolución A.851 (20) de la OMI sobre los Principios generales a que deben ajustarse los sistemas y prescripciones de notificación para buques, incluidas las directrices para notificar sucesos en que intervengan mercancías peligrosas, sustancias perjudiciales o contaminantes de la mar.
Note: all of the following phrases must come as the culmination (message content) of a radio message exchange between stations covered by the ITU Radio Regulations, and the relevant calling procedures have to be observed.	Nota: todas las frases que figuran a continuación deben considerarse fórmulas reales (contenido del mensaje) que se utilizarían en un intercambio de mensajes por radio entre dos estaciones, según se contempla en el Reglamento de Radiocomunicaciones de la UIT, por lo que es necesario observar los procedimientos de llamada pertinentes.

	Message markers	**Indicadores de mensaje**
(i)	**Instruction**	**Instrucción**
	This indicates that the following message implies the intention of the sender to influence others by a regulation.	Indica que el emisor del mensaje que sigue tiene intención de influir en la actuación de otros invocando una regla.
	Comment: this means that the sender, e.g. a VTS station or a naval vessel, must have full authority to send such a message. The recipient has to follow this legally binding message unless he/she has contradictory safety reasons which the have to be reported to the sender.	Observación: esto significa que el emisor, por ejemplo una estación de los STM o un buque de la armada, debe estar plenamente autorizado a enviar un mensaje de este tipo. El receptor tiene que ajustarse a este mensaje, que es jurídicamente vinculante, a menos que deba contradecirlo por motivos de seguridad que ya haya puesto en conocimiento del emisor.
	Example: «INSTRUCTION. Do not cross the fairway».	Ejemplo: «INSTRUCCIÓN. No cruce el paso».
(ii)	**Advice**	**Recomendación**
	This indicates that the following message implies the intention of the sender to influence others by a recommendation.	Indica que el emisor del mensaje que sigue tiene intención de recomendar un determinado comportamiento a otros.
	Comment: the decision whether to follow the advice still stays with the recipient. ADVICE does not necessarily have to be followed but should be considered very carefully.	Observación: la decisión de observar o no la RECOMENDACIÓN corresponde al receptor. Las recomendaciones no deben seguirse necesariamente, pero conviene tenerlas plenamente en cuenta.
	Example: «ADVICE. (Advise you) stand by on VHF channel six nine».	Ejemplo: «RECOMENDACIÓN. (Se recomienda) que permanezca a la escucha en el canal seis nueve VHF».
(iii)	**Warning**	**Aviso**
	This indicates that the following message implies the intention of the sender to inform others about danger.	Indica que el emisor del mensaje que sigue tiene intención de informar a otros acerca de un peligro.
	Comment: this means that any recipient of a WARNING should pay immediate attention to the danger mentioned. Consequences of a WARNING will be up to the recipient.	Observación: significa que el receptor de un AVISO debe prestar inmediatamente atención al peligro mencionado. Las consecuencias de un AVISO corren a cargo del receptor.

	Example: «Warning. Obstruction in the fairway».	Ejemplo: «Aviso. Obstrucción en el paso».
(iv)	**Information**	**Información**
	This indicates that the following message is restricted to observed facts, situations, etc.	Indica que el mensaje que sigue se limita a explicar hechos, situaciones observadas, etc.
	Comment: this marker is preferably used for navigational and traffic information, etc. Consequences of Information will be up to the recipient.	Observación: este indicador se suele utilizar para información náutica y sobre el tráfico, etc. Las consecuencias de la Información corren a cargo del receptor.
	Example: «Information. MV Noname will overtake to the west of you».	Ejemplo: «Información. La motonave (nombre) le adelantará por el oeste».
(v)	**Question**	**Pregunta**
	This indicates that the following message is of an interrogative character.	Indica que el mensaje que sigue es de carácter interrogativo.
	Comment: the use of this marker removes any doubt as to whether a question is being asked or a statement is being made, especially when interrogatives such as what, where, why, who, how are additionally used at the beginning of the question. The recipient is expected to return an answer.	Observación: la utilización de este indicador aclara si se está haciendo una pregunta o una declaración, especialmente cuando se utilicen los interrogativos *qué, dónde, por qué, quién* y *cómo* al principio de la pregunta. Se espera que el receptor ofrezca una respuesta.
	Example: «Question. (What is) your present maximum draft?».	Ejemplo: «Pregunta. (¿Cuál es su) calado máximo actual?».
(vi)	**Answer**	**Respuesta**
	This indicates that the following message is the reply to a previous question.	Indica que el mensaje que sigue es la respuesta a la pregunta anterior.
	Comment: note that an answer should not contain another question.	Observación: la respuesta no debe contener otra pregunta.
	Example: «Answer. My present maximum draft is zero seven metres».	Ejemplo: «Respuesta. Mi calado máximo actual es de 0,7 m».
(vii)	**Request**	**Petición**
	This indicates that the following message is asking for action from others with respect to the vessel.	Indica que en el mensaje que sigue se pide a otros que tomen medidas en relación con el buque.

	Comment: the use of this marker is to signal: I want something to be arranged or provided, e.g. ship's stores requirements, tugs, permission, etc.	Observación: este indicador tiene como fin emitir la señal de que se desea organizar o encargar algo, por ejemplo, notificar las necesidades del buque en cuanto a provisiones, remolques, permisos, etc.
	Note: REQUEST must not be used involving navigation, or to modify COLREGS.	Nota: el indicador PETICIÓN no debe utilizarse para la navegación, ni para modificar el Reglamento de Abordajes.
	Example: «REQUEST. I require two tugs».	Ejemplo: «PETICIÓN. Necesito dos remolcadores».
(viii)	**Intention**	**Intención**
	This indicates that the following message informs others about immediate navigational action intended to be taken.	Indica que en el mensaje que sigue se van a comunicar otras medidas relativas a la navegación que se tiene intención de tomar inmediatamente.
	Comment: the use of this message marker is logically restricted to messages announcing navigational actions by the vessel sending this message.	Observación: la utilización de este indicador de mensaje está limitada lógicamente a mensajes que comuniquen medidas de navegación que va a tomar el buque que envíe el mensaje.
	Example: «INTENTION. I will reduce my speed».	Ejemplo: «INTENCIÓN. Voy a reducir mi velocidad».

A1/6.1
FRASES PARA ADQUIRIR Y FACILITAR DATOS QUE CONFIGUREN UNA IMAGEN DEL TRÁFICO
PHRASES FOR ACQUIRING AND PROVIDING DATA FOR A TRAFFIC IMAGE

1	ACQUIRING AND PROVIDING ROUTINE TRAFFIC DATA	RECOGIDA Y DIFUSIÓN DE DATOS SOBRE EL TRÁFICO EN SITUACIONES NORMALES
1	What is the name of your vessel and call sign/identification?	¿Cuál es el nombre de su buque y el distintivo de llamada/identificación?
1.1	The name of my vessel is…, call sign…/ identification…	El nombre de mi buque es…, el distintivo de llamada…/identificación…
1.2	Spell the name of your vessel.	Deletree el nombre de su buque.
2	What is your flag State?	¿Cuál es su Estado de abanderamiento?
2.1	My flag State is…	Mi Estado de abanderamiento es…
3	What is your position?	¿Cuál es su situación?
3.1	My position is…	Mi situación es…
4	What is your present course and speed?	¿Cuáles son su rumbo y su velocidad actuales?
4.1	My present course is… degrees, my speed is… knots.	Mi rumbo actual es de… grados, y la velocidad, de… nudos.
5	From what direction are you approaching?	¿De qué dirección procede?
5.1	I am approaching from…	Estoy llegando desde…
6	What is your port of destination/destination?	¿Cuál es su puerto de destino/su destino?
6.1	My port of destination/destination is…	Mi puerto de destino/destino es…
7	What was your last port of call?	¿Cuál fue su último puerto de escala?
7.1	My last port of call was…	Mi último puerto de escala fue…
8	What is your ETA position…?	¿Cuál es su hora estimada de llegada a la situación?
8.1	My ETA is… UTC.	Mi hora estimada de llegada son las… horas UTC.
9	What is your ETC from…?	¿Cuál es su hora estimada de salida de…?
9.1	My ETD from… is… UTC	Mi hora estimada de salida de… son las … horas UTC.

10	What is your draft forward/aft?	¿Cuál es su calado a proa/popa?
10.1	My draft forward/aft is… metres.	Mi calado a proa/popa es de… metros.
11	What is your present maximum draft?	¿Cuál es su calado máximo actual?
11.1	My present maximum draft is… metres.	Mi calado máximo actual es de… metros.
12	What is your freeboard?	¿Cuál es su francobordo?
12.1	My freeboard is… metres.	Mi francobordo es de… metros.
13	What is your air draft?	¿Cuál es su guinda?
13.1	My air draft is… metres.	Mi guinda es de… metros.
14	Are you underway?	¿Está usted navegando?
14.1	Yes, I am underway.	Sí, estoy navegando.
14.2	No, I am not underway.	No, no estoy navegando.
14.3	I am ready to get underway.	Estoy listo para empezar a navegar.
15	What is your full speed/full manoeuvring speed?	¿Cuál es su velocidad máxima/su velocidad máxima de maniobra?
15.1	My full speed/full manoeuvring speed is… knots.	Mi velocidad máxima/velocidad máxima de maniobra es de… nudos.
16	What is your cargo?	¿Qué tipo de carga tiene?
16.1	My cargo is…	Mi carga es de…
17	Do you carry any dangerous goods?	¿Transporta mercancías peligrosas?
17.1	Yes, I carry the following dangerous goods: … kilograms/tons IMO-class…	Sí, estoy transportando las siguientes mercancías peligrosas: … kilogramos/toneladas de mercancías de la clase… de la OMI…
17.2	No, I do not carry any dangerous goods.	No, no transporto mercancías peligrosas.
18	Do you have any deficiencies/restrictions?	¿Tiene alguna deficiencia/restricción?
18.1	No, I have no deficiencies/restrictions.	No, no tengo deficiencias/restricciones.
18.2	Yes, I have the following deficiencies/restrictions.	Sí, tengo las siguientes deficiencias/restricciones.
19	I am / MV… is constrained by draft.	Estoy/la motonave… está restringida por su calado.
20	The maximum permitted draft is… metres.	El calado máximo permitido es de… metros.

21	Do you have any list?	¿Está escorado?
21.1	Yes, I have a list to port/starboard of… degrees.	Sí, tengo una escora a babor/estribor de… grados.
21.2	No, I have no list.	No, no estoy escorado.
22	Are you on even keel?	¿Está usted en aguas iguales?
22.1	Yes, I am on even keel.	Sí, estoy en aguas iguales.
22.2	No, I am trimmed by the head/stern.	No, tengo asiento a proa/popa.

2	**ACQUIRING AND PROVIDING DISTRESS TRAFFIC DATA**	**RECOGIDA Y DIFUSIÓN DE DATOS SOBRE EL TRÁFICO EN SITUACIONES DE SOCORRO**
	See A1/1.1 «Distress communications».	Véase la sección A1/1.1 «Comunicaciones de socorro».

A1/6.2
Frases para los STM
Phrases for providing VTS services

1	INFORMATION SERVICE	SERVICIO DE INFORMACIÓN
	These phrases are normally transmitted from the shores.	Estas frases suelen transmitirse desde tierra.

1.1	Navigational warnings	Avisos náuticos
1	Unknown object(s) in position.	Objeto(s) desconocido(s) en la situación.
2	Ice/iceberg(s) in position…/area around.	Hielo/témpano(s) en la situación…/en la zona próxima…
3	Unlit derelict vessel adrift in vicinity… at… (date and time).	Buque abandonado sin iluminar a la deriva en las proximidades de… el… (fecha y hora).
4	Dangerous wreck/obstruction located in position… marked by… (type) buoy.	Restos peligrosos del naufragio/obstrucción en la situación… marcada por la boya… (tipo).
5	Hazardous mine adrift in vicinity… at… (date and time).	Minas potencialmente peligrosas a la deriva en las proximidades de… el… (fecha y hora).
6	Uncharted reef/rock/shoal reported in position.	Arrecife/rocas/banco de arena sin señalar en las cartas notificado/a en la situación.
7	Pipeline is leaking gas/oil in position… Wide berth requested.	El oleoducto/gaseoducto tiene una fuga de gas/escape de hidrocarburos en la situación… Se solicita un amplio resguardo.
8	Depth of water not sufficient in position.	La profundidad del agua no es suficiente en la situación.
9	Navigation closed in area.	La zona está cerrada a la navegación.

1.2	Navigational information	Información náutica
1	Oil spill in position…	Derrame de hidrocarburos en la situación…
2	Current meters/hydrographic instruments moored in position… Wide berth requested.	Medidores de corriente/instrumentos hidrográficos fondeados en la posición… Se solicita un amplio resguardo.

3	Platform... (name/number) reported/established in position... Wide berth requested.	Se ha recibido notificación/se ha establecido la plataforma... (nombre/número) en la situación... Se solicita un amplio resguardo.
4	...(charted name of light/buoy) in position... ~ unlit/unrealiable/damaged/destroyed/off station/missing. ~ (temporarily) changed to... (full characteristic). ~ (temporarily) removed. ~ (temporarily) discontinued.	La... (nombre de la luz/boya en las cartas) situada en... ~ está apagada/no es fiable/está averiada/destruida/fuera de su lugar/ha desaparecido. ~ ha sido cambiada (temporalmente) a... (características completas). ~ se ha suprimido (temporalmente). ~ se ha suspendido (temporalmente).
5	... (charted name of light/buoy)... (full characteristics). ~ established in position... ~ re-established in position. ~ moved... kilometres/nautical miles in... (direction) to position...	La... (nombre de la luz/boya en las cartas)... (características completas). ~ establecida en la situación... ~ reestablecida en la situación. ~ cambiada a... kilómetros/millas marinas hacia... (dirección) a la situación...
6	(Note: Only for major fog signal stations.)	(Nota: sólo para las estaciones de señales de niebla más importantes.)
	Fog signal... (charted name of light(buoy) in position... inoperative.	Señal de niebla... (nombre de la luz/boya en las cartas) en la posición... está fuera de servicio.

1.3	**Traffic information**	**Información sobre el tráfico**
1	Gunnery/rocket firing/missile/torpedo/underwater ordnance exercises in area bounded by... (positions) and... from... (date and time) to... (date and time). Wide berth requested.	Ejercicios navales de artillería/lanzamiento de cohetes/misiles/torpedos/operaciones con submarinos en la zona delimitada por... (situación) y... del (fecha y hora) al... (fecha y hora). Se solicita un amplio resguardo.
2	Cable/pipeline operations by... (vessel) in vicinity.../along a line joining... (position) from... (date and time) to... (date and time). Wide berth requested. Contact via VHF channel.	Operaciones con cable/conductos efectuadas por... (buque) en las proximidades de.../en las líneas que unen los siguientes puntos... (coordenadas) del... (fecha y hora) al... (fecha y hora). Se solicita un amplio resguardo. Contacto por el canal...VHF.

3	Salvage operations in position... from... (date and time) to... (date and time). Wide berth requested. Contact in via VHF channel...	Operaciones de salvamento en la situación... del (fecha y hora) al... (fecha y hora). Se solicita un amplio resguardo. Contacto por el canal...VHF.
4	Seismic/hydrographic operations by... (vessel)... from... (date and time) to... (date and time) in position... Wide berth requested. Contact via VHF channel...	Operaciones sísmicas/hidrográficas efectuadas por... (buque) del... (fecha y hora) al... (fecha y hora) en la situación... Se solicita un amplio resguardo. Contacto por el canal... VHF.
5	Oil clearance operations near MT... in position... Wide berth requested.	Operaciones de limpieza de hidrocarburos en las proximidades del buque tanque... en la situación... Se solicita un amplio resguardo.
6	Transhipment of... (kind of cargo) in position... Wide berth requested.	Transvase de... (tipo de carga) en la situación.... Se solicita un amplio resguardo.
7	Difficult tow from... (port of departure) to... (destination) on... (date). Wide berth requested.	Remolque difícil de... (puerto de salida) a... (destino) el... (fecha). Se solicita un amplio resguardo.
8	Vessel not under command in position.../ area...	Buque sin gobierno en la situación.../en la zona...
9	Hampered vessel in position.../area... (course... degrees, speed... knots).	Buque impedido en la situación.../en la zona... (con rumbo... grados y velocidad de... nudos).
9.1	Vessel constrained by her draft in position.../area... (course... degrees, speed... knots).	Buque restringido por su calado en situación.../en la zona (con rumbo... grados y velocidad de... nudos).
10	Vessel in position... on course... and speed... is not complying with traffic regulations.	El buque situado en... con rumbo a... y velocidad de... no cumple las reglas de tráfico.
11	Vessel is crossing... traffic lane on course... and speed... in position...	El buque está cruzando la vía de circulación... con rumbo a... y velocidad de... en la situación...
12	Small fishing boats in area around... Navigate with caution.	Pequeñas embarcaciones de pesca en la zona... Navegue con precaución.
13	Submarine operating in sea area around... Surface vessels are in attendance.	Submarinos en la zona marítima... Van acompañados por buques de superficie.

1.4	Route information	Información sobre la derrota
1	Route…/traffic lane… has been suspended/discontinued/diverted.	La derrota…/vía de circulación… ha sido suspendida/eliminada/trasladada.

1.5	Hydrographic information	Información hidrográfica
1	Tidal prediction for… (name of station (s)/area…:	Las previsiones para la marea en… (nombre de la estación o las estaciones)/la zona… son:
1.1	A tide of … metres above/below datum is expected in position…/area… at about /… UTC.	Una marea de… metros por encima/por debajo del dátum en la situación…/en la zona de… alrededor de las…/a las horas UTC.
2	The tide is rising: ~ it is… hours before high water/after low water. ~ it is… metres below high water/above low water.	La marea está subiendo: ~ faltan… horas para la pleamar/han pasado… horas desde la bajamar. ~ es de… metros por debajo de la pleamar/por encima de la bajamar.
3	The tide is falling: ~ it is… hours after high water/before low water. ~ it is… metres below high water/above low water.	La marea está bajando: ~ faltan… horas para la pleamar/han pasado… horas desde la bajamar. ~ es de… metros por debajo de la pleamar/por encima de la bajamar.
4	The tide is slack.	La marea está en repunte.
5	Present tide is… metres above/below datum… in position…	La marea actual es de… metros por encima/por debajo del dátum… en la situación…
6	The tide is… metres above/below prediction.	La marea está… metros por encima/por debajo de lo previsto.
7	The tidal stream/current is… knots in position.	La corriente mareal es de… nudos en la situación…
8	The tide is setting in direction… degrees.	El reflujo mareal es de… grados en dirección…
9	The depth of water is/is not sufficient in position.	La profundidad del agua es/no es suficiente en la situación.
10	Charted depth has increases/decreased by… metres due to winds/sea state.	La profundidad ha aumentado/disminuido… metros con respecto a la indicada en las cartas debido a los vientos/al estado de la mar.

1.6	Electronic navigational aids information	Información relativa a las ayudas electrónicas a la navegación
1	GPS satellite... (number) unusable from... (date and time) to... (date and time). Cancel one hour after time of restoration.	El satélite... (número) del sistema GPS estará fuera de servicio del... (fecha y hora) al... (fecha y hora). Cancelar una hora después de que se reanude el servicio.
2	LORAN station... (name number of master/secondary).	La estación LORAN... (nombre y número de la estación principal/secundaria).
3	RACON... (name of station) in position... off air... from... (date and time) to... (date and time).	La estación RACON... (nombre de la estación) situada en... estará fuera del canal de conversación... del... (fecha y hora) al... (fecha y hora).

1.7	Meteorological warnings	Avisos meteorológicos
1	Gale warning/storm warning was issued at... UTC starting at...UTC.	Aviso de temporal/tempestad emitido a las... horas UTC previsto para las... horas UTC.
1.1	Gale warning/storm warning. Wind at... UTC in area... (met. area) from direction... (cardinal and half cardinal points) and force Beaufort... backing/veering to... (cardinal and half cardinal points).	Aviso de temporal/tempestad. Vientos a las... horas UTC en la zona... (zona meteorológica) de dirección... (punto cardinal) y fuerza... en la escala Beaufort, levógiros/dextrógiros hacia... (punto cardinal).
2	Tropical storm warning was issued at... UTC starting at... UTC.	Aviso de tempestad tropical emitido a las... horas UTC, prevista a las... horas UTC.
2.1	Tropical storm warning at... UTC. Hurricane... (name)/tropical cyclone/tornado/willy-willy/typhoon/... with central pressure of... millibars/hectopascals located in position... Present movement... (cardinal and half cardinal points) at... knots. Winds of... knots within radius of... nautical miles of centre. Seas over... metres. Further information on VHF channel.../frequency... (at...UTC)	Aviso de tempestad tropical a las... horas UTC. Huracán... (nombre)/ciclón tropical/tornado/vientos huracanados/tifón... con una presión en el núcleo de... milibares/hectopascales en... Actualmente se desplaza(n) hacia... (punto cardinal) a una velocidad de... nudos. Vientos de... nudos en un radio de... millas marinas del núcleo. Olas de más de... metros. Se dará más información en el canal...VHF/la frecuencia... (a las... horas UTC).

1.8	Meteorological information	Información meteorológica
1	Position of tropical storm… (name)…, path… (cardinal and half cardinal points), speed of advance… knots.	Tempestad tropical… (nombre) situada en… con trayectoria… (punto cardinal). Avanza a una velocidad de… nudos.
2	Wind direction… (cardinal and half cardinal points), force Beaufort… in position	En la situación… la dirección del viento es… (punto cardinal), y la fuerza… en la escala Beaufort.
3	Wind is backing/veering and increasing/decreasing.	El viento es levógiro/dextrógiro y va en aumento/disminución.
4	Wind is expected to increase/decrease in position… to force Beaufort… within the next… hours.	Se prevé que los vientos aumenten/disminuyan en la situación… a una fuerza… en la escala Beaufort dentro de las próximas… horas.
5	Visibility in position… ~ … metres/nautical miles. ~ reduced by mist/fog/snow/dust/rain/… ~ expected to increase/decrease to… metres/nautical miles within the next… hours.	Visibilidad en la situación… ~ de… metros/millas marinas. ~ reducida por neblina/niebla/nieve/polvo/lluvia/… ~ se prevé que aumente/disminuya a… metros/millas marinas en las próximas… horas
6	Sea/swell in position… ~ … metres from… (cardinal and half cardinal points). ~ expected to increase/decrease within the next… hours.	Olas/mar de fondo en la situación… ~ de… metros, procedente(s) de… (punto cardinal). ~ se prevé que aumente(n)/disminuya(n) en las próximas… horas.
7	Icing is expected/not expected in area…	Se prevé/no se prevé helamiento en la zona…

1.9	Meteorological questions and answers	Preguntas y respuestas sobre cuestiones meteorológicas
	See A1/3.1 «Meteorological and hydrological conditions».	Véase la sección A1/3.1 «Condiciones meteorológicas e hidrológicas».

2	NAVIGATIONAL ASSISTANCE SERVICE	SERVICIO DE ASISTENCIA A LA NAVEGACIÓN
	Shore based pilotage by navigational assistance service. See also A1/6.4 (.3.18 to .3.21).	Practicaje desde tierra facilitado por el servicio de asistencia a la navegación. Véase también la sección A1/6.4 (.3.18 a .3.21).

2.1	**Request and identification**	**Solicitud de identificación**
1	Is shore based radar assistance available?	¿Se dispone de asistencia por radar desde tierra?
1.1	Yes, shore based radar assistance is available.	Sí, se dispone de asistencia por radar desde tierra.
1.2	No, shore based radar assistance is not available.	No, no se dispone de asistencia por radar desde tierra.
2	Shore based radar assistance is available from… to… UTC.	Se dispone de asistencia por radar desde tierra de las… a las… horas UTC.
3	Do you require navigational assistance to reach?	¿Necesita asistencia a la navegación para llegar a…?
3.1	Yes, I require navigational assistance.	Sí, necesito asistencia a la navegación.
3.2	No, I do not require navigational assistance.	No, no necesito asistencia a la navegación.
4	What is your position?	¿Cuál es su situación?
4.1	My position is bearing… degrees…, distance… kilometres/nautical miles from…	Mi situación es la siguiente: demora… grados, distancia de… kilómetros/millas marinas de…
5	How was your position obtained?	¿Cómo ha obtenido su situación?
5.1	My position was obtained by GPS/RADAR/cross-bearing/astronomical observation/…	Mi situación ha sido obtenida por GPS/radar/demoras simultáneas/observación astronómica/…
6	Repeat your position for identification.	Repita su situación para identificarse.
7	I have located you on my radar screen.	Lo he localizado en mi pantalla de radar.

7.1	Your position is bearing… degrees, distance, kilometres/nautical miles from…	Su situación es la siguiente: demoras… grados, distancia de… kilómetros/millas marinas de…
8	I cannot locate you on my radar screen.	No lo localizo en mi pantalla de radar.
9	What is your present course and speed?	¿Cuáles son su rumbo y su velocidad actuales?
9.1	My present course is… degrees, my speed is… knots.	Mi rumbo actual es de… grados, y la velocidad, de… nudos.
10	What is the course to reach you?	¿Qué rumbo debo tomar para llegar hasta usted?
10.1	The course to reach me is… degrees.	El rumbo que ha de tomar para llegar hasta mí es de… grados.
11	Is your radar in operation?	¿Funciona su radar?
11.1	Yes, my radar is in operation.	Sí, mi radar funciona.
11.2	No, my radar is not in operation.	No, mi radar no funciona.
12	What range scale are you using?	¿Qué escala está utilizando?
12.1	I am using… miles range scale.	Estoy utilizando una escala con un alcance de… millas.
12.2	Change to a larger/smaller range scale.	Cambie a una escala más grande/más pequeña.
13	You are leaving my radar screen.	Está saliendo de mi pantalla de radar.
14	Change to radar… (name) VHF channel.	Cambie al radar… (nombre), canal VHF…
15	I have lost radar contact.	He perdido contacto por radar.

2.2	**Position**	**Situación**
1	You are entering…	Está entrando en…
2	Your position is…/bearing… degrees, distance… kilometres/nautical miles from…	Su situación es: demora de… grados, distancia de… kilómetros/millas marinas de…
3	Your are passing… You are: - in the centre of the fairway. - on/not on the radar reference line (of the fairway). - on the…(cardinal and half cardinal points) side of the fairway.	Está pasando por… Está: - en el centro del paso. - en la línea de referencia del radar/fuera de ella (en el paso). - al… (punto cardinal) del paso.

4	You are approaching the (cardinal and half cardinal points) limit of the fairway.	Está llegando al extremo... (punto cardinal) del paso.
5	Your position is buoy number... distance... metres/cables to the... (cardinal and half cardinal points) of the radar reference line.	Su situación viene dada por la boya número..., que está a una distancia de... metros/cables al... (punto cardinal) de la línea de referencia del radar.
6	Your position is distance... metres/cables from the intersection of radar reference line... and radar reference line... and distance... metres/cables to the... (cardinal and half cardinal points) of radar reference line...	Su distancia está a... metros/cables de la intersección de la línea de referencia del radar... y de la línea de referencia del radar... a una distancia de... metros/cables al... (punto cardinal) de la línea de referencia del radar.
7	MV... has reported at reporting point...	La motonave... ha enviado una notificación en el punto...
8	You are getting closer to the vessel... (cardinal and half cardinal points) of you.	Está acercándose a un buque situado al... (punto cardinal) de usted.
9	Vessel on opposite course is passing to the... (cardinal and half cardinal points) of you.	Un buque está cruzando en dirección opuesta al... (punto cardinal) de usted.
10	MV... is metres/cables... (cardinal and half cardinal points) of you. ~ is ingoing/outgoing. ~ has stopped. ~ is at anchor. ~ is on a reciprocal course. ~ will overtake to the... (cardinal and half cardinal points) of you.	La motonave... está a... metros/cables... (punto cardinal) de usted. ~ y está entrando/saliendo. ~ se ha detenido. ~ está fondeado. ~ viene al rumbo opuesto. ~ le adelantará al... (punto cardinal) de usted.
11	Vessel has anchored ... metres/cables ... (cardinal and half cardinal points) of you in position...	El buque ha fondeado a... metros/cables al... (punto cardinal) de usted en la situación...
12	Vessel... (cardinal and half cardinal points) of you is obstructing your movements.	El buque al... (punto cardinal) de usted está obstruyendo sus movimientos.
13	You will meet crossing traffic in position...	Va a encontrarse con tráfico que cruza en la situación...
14	Vessel is entering/leaving the fairway at...	El buque está entrando en el paso/saliendo del paso por...

15	Buoy... distance... metres /cables... (cardinal and half cardinal points).	La boya... está a una distancia de... metros/cables al... (punto cardinal).
16	Vessel... (cardinal and half cardinal points) of you is... ~ turning. ~ anchoring. ~ increasing/decreasing speed. ~ overtaking you. ~ not under command.	El buque al (punto cardinal) de usted está... ~ girando. ~ fondeando. ~ aumentando/disminuyendo la velocidad. ~ adelantándole. ~ sin gobierno.

2.3	**Course**	**Rumbo**
	Note: the user of this phrase should be fully aware of the implications of words such as *track, heading* and *course made good.*	Nota: los usuarios de estas frases deben ser plenamente conscientes del significado de expresiones tales como *trayectoria, rumbo de proa* y *rumbo efectivo.*
1	Your track is ~ parallel with the reference line. ~ diverging from the reference line. ~ converging to the reference line.	Su trayectoria ~ es paralela a la línea de referencia. ~ se desvía de la línea de referencia. ~ converge con la línea de referencia.
2	What is your present course /heading?	¿Cuál es su rumbo actual?
2.1	My present course/heading is... degrees.	Mi rumbo actual es de... grados.
3	You are steering a dangerous course.	Lleva usted un rumbo peligroso.
4	Course to make good is... degrees.	El rumbo efectivo es de... grados.
5	Vessel... (cardinal and half cardinal points) of you is on same cours... degrees.	El buque al... (punto cardinal) de usted tiene el mismo rumbo de... grados.
5.1	Advise you ~ keep your present course. ~ a new course of... degrees.	Le recomiendo ~ que mantenga su rumbo actual. ~ que cambie su rumbo a... grados.
6	Have you altered course?	¿Ha cambiado el rumbo?
6.1	Yes, I have altered course – my new course is... degrees.	Sí, he cambiado el rumbo: mi nuevo rumbo es de... grados.
6.2	No, I have not altered course – my course is... degrees.	No, no he cambiado el rumbo: mi rumbo es de... grados.

| 7 | You are running into danger:

~ shallow water… (cardinal and half cardinal points) of you.
~ submerged wreck… (cardinal and half points) of you.
~ fog bank… (cardinal and half cardinal points) of you.
~ risk of collision (with a vessel bearing… degrees, distance… kilometres/nautical miles).
~ bridge is defective/… | Está acercándose a un peligro:

~ aguas poco profundas al… (punto cardinal) de usted.
~ restos de naufragio sumergidos al… (punto cardinal) de usted.
~ banco de niebla al… (punto cardinal) de usted.
~ riesgo de abordaje (con un buque que tiene una demora de… grados, a una distancia de… kilómetros/millas marinas).
~ el puente está defectuoso/… |

3	**TRAFFIC ORGANIZATION SERVICE**	**SERVICIO DE ORGANIZACIÓN DEL TRÁFICO**
3.1	**Clearance, forward planning**	**Despacho y planificación anticipada**
1	Traffic clearance is required before entering…	Es necesario contar con una autorización de tráfico antes de entrar en…
2	Do not enter the traffic lane/…	No entre en la vía de circulación/…
3	Proceed to the emergency anchorage.	Siga hasta el fondeadero de emergencia.
4	Keep clear of…/avoid…	Manténgase alejado de…/evite…
5	You have permission ~ to enter the traffic lane/route – traffic clearance granted. ~ to enter traffic lane/route position… at… UTC.	Tiene permiso para: ~ entrar en la vía de circulación/la derrota: Tráfico le concede una autorización. ~ entrar en la vía de circulación/la derrota situada en… a las… horas UTC.
6	Do not pass the reporting point… until… UTC.	No cruce el punto de notificación… hasta las… horas UTC.
7	Report at the next way point/waypoint…/ at… UTC.	Envíe un mensaje desde el próximo punto de control de derrota/desde el punto de control de derrota…/a las… horas UTC.
8	You must arrive at way point… at… UTC-your berth is clear.	Debe usted llegar al punto de control de derrota… a las… horas UTC: su puesto de atraque está libre.

9	Do not arrive in position... before/after... UTC.	No llegue a la situación... antes/después de las... horas UTC.
10	The tide is with you/against you.	Va a favor/en contra de la marea.

3.2	**Anchoring**	**Fondeo**
1	You must anchor ~ at... UTC. ~ until the pilot arrives. ~ in a different position. ~ clear of fairway.	Debe usted fondear ~ a las... horas UTC. ~ hasta que llegue el práctico. ~ en una situación diferente. ~ fuera de paso.
2	Do not anchor in position...	No fondee en la situación...
3	Anchoring is prohibited.	Está prohibido fondear.
4	You must heave up anchor.	Debe levar el ancla.
5	You are at anchor in a wrong position.	Está fondeado en la situación equivocada.
6	Have your crew on stand by for heaving up anchor when the pilot embarks.	Mantenga su tripulación a la espera para levar el ancla cuando llegue el práctico.
7	You have permission to anchor (at... UTC). ~ in position... ~ until the pilot arrives. ~ until the tugs arrives. ~ until sufficient water.	Tiene usted permiso para fondear (a las... horas UTC). ~ en la situación... ~ hasta que llegue el práctico. ~ hasta que lleguen los remolcadores. ~ hasta que haya suficiente calado.
8	You are obstructing the fairways/other traffic.	Está usted obstruyendo el paso/el resto del tráfico.
9	Are you dragging/dredging anchor?	¿Está usted garreando/arrastrando el ancla?
9.1	Yes, I am dragging/dredging anchor.	Sí, estoy garreando/arrastrando el ancla.
9.2	No, I am no dragging/dredging anchor.	No, no estoy garreando/arrastrando el ancla.
10	Do not dredge anchor.	No arrastre el ancla.

3.3	Arrival, berthing and departure	Llegada, atraque y salida
1	Your orders are to berth on…	Tiene orden de atracar en…
2	Your orders are changed to proceed to…	Han cambiado sus órdenes. Siga hasta…
3	Proceed to… for orders.	Siga hasta… y espere órdenes.
4	You have permission to enter/to proceed at… UTC.	Tiene permiso para entrar/continuar a las… horas UTC.
5	Vessel is turning/manoeuvring in position…	El buque está evolucionando/maniobrando en…
6	MV ~ will turn in position… ~ will leave… at… UTC. ~ is leaving… ~ has left… ~ entered fairway in position…	La motonave ~ evolucionará en la situación… ~ saldrá de… a las… horas UTC. ~ está saliendo de… ~ ha salido de… ~ ha entrado en el paso en la situación…
7	Your berth is not clear (until… UTC).	Su atraque no está libre (hasta las… horas UTC).
7.1	Your berth will be clear at… UTC.	Su puesto de atraque quedará libre a las… horas UTC.
8	You will berth/dock at… UTC.	Atracará/entrará en el muelle a las… horas UTC.
9	Berthing has been delayed by… hours.	Su atraque se ha retrasado… horas.
10	Be ready to get underway.	Prepárese para empezar a navegar.
10.1	I am ready to get underway.	Estoy listo para empezar a navegar.
11	Get underway.	Comience a navegar.
12	Are you underway?	¿Está usted navegando?
12.1	Yes I am underway.	Sí, estoy navegando.
12.2	No, I am not underway.	No, no estoy navegando.
13	Move ahead/astern… metres.	Vaya avante/atrás… metros.
14	Your vessel is in position: make fast.	El buque está en posición: haga firme.

3.4	Enforcement	Cumplimiento
1	According to my radar, your course does not comply with rule 10 of the COLREGs.	De acuerdo con mi radar, su rumbo no cumple la regla 10 del Reglamento de Abordajes.
2	Your actions will be reported to the authorities.	Sus acciones serán notificadas a las autoridades.
3	You are not complying with traffic regulations. You are not keeping to the correct traffic lane.	Está usted incumpliendo las reglas de tráfico. Está usted fuera de la vía de circulación correcta.
4	Have all navigational instruments in operation before entering this area/area…	Tenga en funcionamiento todos los instrumentos náuticos antes de entrar en esta zona/en la zona…
5	Your navigation lights are not visible.	Sus luces de navegación no son visibles.
6	Recover your fishing gear.	Recoja sus artes de pesca.
6.1	You are fishing in the fairway.	Está usted pescando en el paso.
7	Fishing gear is to the… (cardinal and half cardinal points) of you.	Hay artes de pesca al… (punto cardinal) de usted.
8	Fishing in area… is prohibited.	La pesca en la zona… está prohibida.
9	You are approaching a prohibited fishing area.	Está usted acercándose a una zona en la que está prohibida la pesca.
10	Fairway speed is… knots.	La velocidad en el paso es de… nudos.

3.5	Avoiding dangerous situations, providing safe movements	Prevención de situaciones peligrosas y planificación de maniobras de seguridad
1	It is dangerous ~ to anchor in your present position. ~ to remain in your present position. ~ to alter course to… (cardinal and half cardinal points).	Es peligroso ~ fondear en su situación actual. ~ permanecer en su situación actual. ~ cambiar el rumbo al… (punto cardinal).
2	Large vessel is leaving the fairway: step clear of the fairway approach.	Un buque de gran tamaño está saliendo del paso: manténgase alejado de los accesos al paso.

3	Nets with buoys/without buoys in this area: navigate with caution.	Hay redes marcadas por boyas/sin boyas en esta zona: navegue con precaución.
4	Collision in position…	Abordaje en la situación…
5	MV… is aground/on fire/… in position…	La motonave… ha varado/tiene un incendio/… en la situación…
6	Stand by for assistance.	Prepárese para prestar asistencia.
7	Vessel must ~ keep clear of this area/area. ~ avoid this area/area… ~ navigate with caution.	Los buques deben ~ mantenerse alejados de esta zona/de la zona… ~ evitar esta zona/la zona… ~ navegar con precaución.
8	Keep clear of…: search and rescue in progress.	Manténgase alejado de…: están realizándose operaciones de búsqueda y salvamento.
9	Your present course is too close ~ to ingoing/outgoing vessel. ~ to the vessel that you are overtaking. ~ to the… (cardinal and half cardinal points) limit of the fairway.	Su rumbo actual es demasiado próximo ~ al buque que sale/entra del paso. ~ al buque que está usted adelantando. ~ al extremo… (punto cardinal) del paso.
10	Your course is deviating from the radar reference line.	Su rumbo se desvía de la línea de referencia del radar.
11	You are running into danger. ~ shallow water… (cardinal and half cardinal points) of you. ~ submerged wreck… (cardinal and half cardinal point) of you. ~ fog bank… (cardinal and half cardinal point) of you. ~ keep to the… (cardinal and half cardinal points) of the fairway line/radar reference line. ~ stay clear of the fairway.	Está acercándose a un peligro. ~ aguas poco profundas al… (punto cardinal) de usted. ~ restos de naufragio sumergidos al… (punto cardinal) de usted. ~ banco de niebla al… (punto cardinal) de usted. ~ manténgase al… (punto cardinal) de la línea de paso/de la línea de referencia del radar. ~ manténgase alejado del paso.
12	You must wait for MV… to cross ahead of you.	Debe esperar a que la motonave… cruce por delante de usted.

13	You must wait for MV... to clear... before	Debe esperar a que la motonave... se aleje de... antes de
	~ entering the fairway. ~ getting underway. ~ leaving the berth.	~ entrar en el paso. ~ comenzar a navegar. ~ desatracar.
14	Do not overtake. Do not cross the fairway.	No adelante. No cruce el paso.
15	Alter course to... (cardinal and half cardinal points) of you.	Cambie el rumbo al... (punto cardinal).
16	Pass... (cardinal and half cardinal points) of	Pase al... (punto cardinal) de
	~ ingoing/outgoing/anchored/disabled vessel. ~ ... mark/...	~ el buque que entra/sale/está anclado/está impedido. ~ la marca.../...
17	Stop engines.	Pare las máquinas.
18	MV...	La motonave
	~ wishes to overtake... (cardinal and half cardinal points) of you. ~ agrees/does not agree to be overtaken. ~ is approaching an obscured area... approaching vessels acknowledge.	~ desea adelantarle por el... (punto cardinal). ~ está conforme/no está conforme con la maniobra de adelantamiento. ~ está acercándose a una zona oscurecida por... Ruego que los buques que se están acercando envíen un acuse de recibo.

3.6	**Canal and lock operations**	**Operaciones en canales y esclusas**
1	You must	Debe usted
	~ close up on the vessel ahead of you. ~ drop back from the vessel ahead of you. ~ wait at... ~ moor at... ~ wait for lock clearance a... until... UTC.	~ acercarse al buque que le precede. ~ separarse del buque que le precede. ~ esperar en... ~ amarrar/fondear en... ~ esperar a que quede libre la esclusa a las... horas UTC.
2	Convoy... must wait/moor at...	El convoy debe esperar/amarrar/fondear en...

3	You will join convoy... at... UTC. You will enter canal/lock at... UTC.	Usted debe incorporarse al convoy a las... horas UTC. Usted debe entrar en el canal/esclusa a las... horas UTC.
4	Transit will begin at... UTC.	El tránsito comenzará a las... horas UTC.
5	Your place in convoy is number...	Su lugar en el convoy es el número...
6	Transit/convoy speed is... knots.	La velocidad de tránsito/del convoy es de... nudos.
7	Convoys/vessels will pass in area...	El convoy/los buques pasará(n) por la zona de...

A1/6.3
TRASPASO A OTRO STM
HANDING OVER TO ANOTHER VTS

1	… VTS this is… VTS: MV… position is bearing… degrees, distance… kilometres/nautical miles from… working frequency is VHF channel… Your target. Please confirm.	STM…, éste es el STM…: motonave…, su situación es: demora de… grados, distancia de… kilómetros/millas marinas de… la frecuencia de servicio es el canal… VHF. Es su blanco. Confirme, por favor.
2	… VTS this is… VTS: MV… position bearing is… degrees, distance… kilometres/nautical miles from… I confirm. My target.	STM…, éste es el STM…: motonave…, su situación es: demora de… grados, distancia de… kilómetros/millas marinas de… Confirmado. Mi blanco.
3	… VTS this is… VTS: MV… position is bearing… degrees, distance… kilometres/nautical miles form… I am unable to take over this target.	STM…, éste es el STM…: motonave…, su situación es: demora de… grados, distancia de… kilómetros/millas marinas de… No puedo hacerme cargo de este blanco.

A1/6.4
FRASES PARA LAS COMUNICACIONES CON LOS SERVICIOS DE EMERGENCIA Y OTROS SERVICIOS CONEXOS
***P**HRASES FOR COMMUNICATIONS WITH EMERGENCY SERVICES AND ALLIED SERVICES*

1	EMERGENCY SERVICES	SERVICIOS DE EMERGENCIA
	(SAR, fire fighting, pollution fighting.) See A1/1.1 «Distress communications».	(Búsqueda y salvamento, lucha contraincendios, lucha contra la contaminación.) Véase la sección A1/1.1 «Comunicaciones de socorro».

2	TUG SERVICES	SERVICIOS DE REMOLQUE
	See also A2/3.6 «Tug assistance».	Véase también la sección A2/3.6 «Asistencia con remolcadores».
1	How many tugs do you require?	¿Cuántos remolcadores necesita?
1.1	I require... tug(s).	Necesito... remolcador(es).
2	You must take ~ ... tug(s) according to port regulations. ~ ... tug(s) fore and... tug(s) aft.	Debe tomar ~ ... remolcador(es), de acuerdo con las ordenanzas del puerto. ~ ... remolcador(es) a proa, y... remolcador(es) a popa.
3	Wait for the tug(s) in position...	Espere al (a los) remolcador(es) en la situación...
4	The tugs will meet you in position... at... UTC.	Los remolcadores se reunirán con usted en... a las... horas UTC.
5	Tug services have been suspended until... (date and time)/resumed on... (date and time).	Se han suspendido los servicios de remolque hasta... (fecha y hora)/se reanudarán... (fecha y hora).

3	PILOT REQUEST	SOLICITUD DE PRÁCTICO
1	Must I take a pilot?	¿Es preciso que tome práctico?
1.1	Yes, you must take a pilot – pilotage is compulsory.	Sí, debe tomar práctico: el practicaje es obligatorio.
1.2	No, you need not take a pilot.	No, no es preciso que tome práctico.
2	Do you require a pilot?	¿Necesita usted un práctico?

2.1	Yes, I require a pilot.	Sí, necesito un práctico.
2.2	No, I do not require a pilot – I am holder of Pilotage Exemption Certificate (No…).	No, no necesito un práctico: soy titular del Certificado de Exención de Practicaje número…
3	You are exempted from pilotage.	Está usted exento de practicaje.
4	Do you require a pilot at (name) pilot station?	¿Necesita tomar práctico en la estación de prácticos… (nombre)?
4.1	Yes, I require a pilot at (name) pilot station.	Sí, necesito tomar práctico en la estación de prácticos (nombre).
4.2	No, I do not require a pilot at… (name) pilot station. I require a pilot in position…	No, no necesito tomar práctico en la estación de prácticos… (nombre). Necesito un práctico en…
5	What is your ETA at (name) pilot station in local time?	¿Cuál es su hora estimada de llegada a la estación de prácticos… (nombre)?
5.1	My ETA at… (name) pilot station is… hours local time.	Mi hora estimada de llegada a la estación de prácticos… (nombre) son las… horas, hora local.
6	What is local time?	¿Cuál es su hora local?
6.1	Local time is… hours.	Mi hora local son las… horas.
7	What is your position?	¿Cuál es su situación?
7.1	My position is…	Mi situación es…
8	What is your distance from… (name) pilot station?	¿A qué distancia está de la estación de prácticos… (nombre)?
8.1	My distance from… (name) pilot station is… kilometres/nautical miles.	Estoy a una distancia de… kilómetros/millas marinas de la estación de prácticos… (nombre).
9	Is the pilot boat on station?	¿Está la embarcación del práctico en la estación de prácticos?
9.1	Yes, the pilot boat is on station.	Sí, la embarcación del práctico está en la estación de prácticos.
9.2	No, the pilot boat is not on station.	No, la embarcación del práctico no está en la estación de prácticos.
9.3	The pilot boat will be on station at… hours local time.	La embarcación del práctico estará en la estación de prácticos a las… horas, hora local.

10	In what position can I take the pilot?	¿En qué situación (punto) puedo tomar práctico?
10.1	Take the pilot at... (pilot station)/near position...	Tome práctico en (estación de prácticos)/ en las proximidades de la situación...
11	When will the pilot embark?	¿Cuándo embarcará el práctico?
11.1	The pilot will embark at... hours local time.	El práctico embarcará a las... horas, hora local.
12	The pilot boat is coming to you.	La embarcación del práctico se dirige hacia usted.
13	Stop in present position and wait for the pilot.	Deténgase en su situación actual y espere al práctico.
14	Keep the pilot boat... (cardinal and half cardinal points) of you.	Mantenga la embarcación del práctico al... (punto cardinal) de usted.
15	What is your freeboard?	¿Cuál es su francobordo?
15.1	My freeboard is... metres.	Mi francobordo es de... metros.
16	Change to VHF channel... for pilot transfer.	Cambie al canal... VHF para trasladar al práctico.
17	Stand by on VHF channel... until pilot transfer is completed.	Manténgase a la escucha en el canal... VHF hasta que el práctico se traslade.
18	Pilotage at... (name) pilot station has been suspended until... (date and local time).	Se ha suspendido el practicaje en el punto... (nombre) hasta las... (fecha y hora local).
19	Pilotage at... (name) pilot station has been resumed.	Se ha reanudado el practicaje en el punto... (nombre).
20	The pilot cannot embark at (name) pilot station due to...	El práctico no puede embarcar en el punto... (nombre) debido a...
21	Do you accept shore-based navigational assistance from VTS centre?	¿Acepta asistencia a la navegación desde tierra procedente del centro de servicios de tráfico marítimo?
21.1	Yes, I accept shore-based navigational assistance.	Sí, acepto asistencia a la navegación desde tierra.
21.2	No, I do not accept shore-based navigational assistance.	No, no acepto asistencia a navegación desde tierra.
21.3	I will stay in position... until...	Permaneceré fondeado en... hasta...

22	You have permission to proceed by yourself (or wait for the pilot at… buoy).	Está autorizado a navegar solo (o esperar al práctico en la boya…).
23	Follow the pilot boat inward where the pilot will embark.	Siga la embarcación del práctico hasta la entrada, donde embarcará.

4	EMBARKING/DISEMBARKING PILOT	EMBARQUE Y DESEMBARQUE DEL PRÁCTICO
	See A1/4.2 «Embarking/disembarking pilot».	Véase la sección A1/4.2 «Embarque y desembarque del práctico».

Capítulo 5

Algunas razones sobre la conveniencia de utilizar las frases normalizadas de la OMI

Sobre el papel, las *Frases normalizadas de la OMI para las comunicaciones marítimas* constituyen un instrumento bien estructurado, claro y muy completo. Se trata de un conjunto de oraciones elaboradas conforme a unos criterios de máxima sencillez y mínima complejidad sintáctica y morfológica que, al menos en teoría, facilitan su aprendizaje y uso posterior tanto en el día a día de las comunicaciones buque-buque, buque-tierra y tierra-buque, comunicaciones con el exterior, como en el de las comunicaciones a bordo. Las frases son, como dice el padre de la criatura, el profesor alemán Peter Trenkner, una suerte de kit de supervivencia para las comunicaciones: *«a communicative survival kit…»*.

En tierra, operadores STM, prácticos e inspectores MOU (Memorandum Of Understanding), se quejan del nivel de competencia lingüística de muchos oficiales y tripulantes que forman parte de ese 86 % de las tripulaciones multinacionales que manejan los actuales buques Solas por las aguas y puertos de todo el mundo y que, debido a la incapacidad de una parte de ellos para entender y hacerse entender bien en inglés, pueden llegar a suponer en determinados casos una amenaza para la seguridad de la navegación y del medio ambiente marino.

Parece obvio que, si el conjunto de oficiales de marina mercante y profesionales con los que éstos interactúan, comunicándose por radio, estuvieran bien familiarizados con el uso de las frases y las hubieran interiorizado lo suficiente como para hacer uso de ellas de forma automática en el día a día de su trabajo, se reducirían las posibilidades de malentendidos, confusiones y problemas, tanto en las comunicaciones de rutina como en las menos frecuentes o en aquéllas críticas para la seguridad del buque.

Las frases han estado en vigor en la primera década del siglo XXI, y cabe pensar que los oficiales más familiarizados con ellas son los pertenecientes a las promociones salidas de las escuelas de náutica a lo largo de esa década; un porcentaje del conjunto total de los profesionales en activo aún por establecer, pero seguramente bajo.

No obstante, es de esperar que el tiempo corra a favor de la implantación definitiva de este código de comunicaciones en inglés, pues, a medida que las nuevas generaciones de marinos se vayan incorporando a los buques, y posteriormente a los empleos en tierra asociados a esta profesión, los hábitos de comunicación se irán modificando y aumentará el porcentaje de los profesionales que harán un uso restringido, estricto y normalizado del inglés, como ocurre en el ámbito del transporte aéreo entre pilotos y controladores de tráfico aéreo.

El 10 de junio de 1997 se publicó la MSC/Circ794, la circular del Comité de Seguridad Marítima que daba a conocer el primer borrador de las *Frases normalizadas de la OMI para las comunicaciones marítimas.* A lo largo de estos quince años el autor ha trabajado intensamente en la difusión de esta herramienta de comunicación, facilitando copias primero de la circular y luego de la Resolución A.918 (20) a innumerables alumnos que asistían a cursos de todo tipo en el Centro Jovellanos, presentando ponencias y comunicaciones en foros internacionales, desarrollando seminarios en centros de coordinación de salvamento marítimo tanto en España como en Reino Unido (Finisterre, Tarifa, Almería, Milford Haven), diseñando e impartiendo cursos específicos de introducción al inglés náutico normalizado en el Centro de Seguridad Marítima Integral Jovellanos, preparando artículos para distintas publicaciones y, finalmente, escribiendo este libro que ahora, amable lector, tiene en sus manos.

Quince años dedicado, entre otras cosas, a predicar el evangelio de las frases de la OMI ante todo tipo de audiencias, desde alumnos de las escuelas de marina civil hasta prácticos experimentados, han permitido al autor acumular una cierta experiencia sobre este asunto y elaborar algunos argumentos para tratar de convencer al alumno o posible usuario, que lleva normalmente muchos años utilizando el inglés en su actividad profesional sin preocuparse demasiado por las convenciones de la OMI, por decirlo de una manera diplomática, para que contemple, al menos, la posibilidad de comunicarse en inglés en un contexto profesional de una manera distinta y supere el rechazo inicial hacia un código con el que está poco familiarizado, en la mayor parte de los casos.

Para combatir el rechazo, el primer prejuicio que se debe desmontar es el de que las frases son para la gente que sabe poco inglés, para tripulantes con capacidades limitadas, de nacionalidades sospechosas o para aquéllos cuya lengua materna está tan alejada de las lenguas europeas que les resulta poco menos que imposible aprender bien el inglés. En cierto modo, se podría afirmar que el rechazo a las *Frases normalizadas de la OMI para las comunicaciones marítimas* es directamente proporcional a la experiencia profesional del sujeto y a su nivel de competencia lingüística; es decir, cuanto más tiempo ha navegado el marino, más años ha mandado barco o ha ejercido de práctico o controlador de tráfico marítimo y mejor habla inglés, más desprecio por esta normativa experimenta, ya que se contempla como una especie de ortopedia lingüística para aquellos profesionales que apenas chapurrean el inglés. Esta visión está bastante generalizada, especialmente entre las generaciones más veteranas, pues los marinos de las promociones más recientes tienen lógicamente la mente más abierta, son más receptivos y se han familiarizado con las frases a lo largo de sus estudios.

Hay varios argumentos para intentar convencer a esta legión de escépticos, y probablemente el más convincente sea el de la responsabilidad por implicación en un accidente en el que las comunicaciones hayan sido un factor determinante en la cadena de acontecimientos y circunstancias que llevan al siniestro.

La mayor parte de los accidentes se debe a errores humanos, y los problemas de comunicaciones pertenecen a esa categoría; de hecho, están presentes en un porcentaje muy significativo de los accidentes, incidentes y *near misses* analizados o contabilizados a efectos estadísticos.

Cuando el accidente acaba en los juzgados, una de las primeras pruebas que solicita sistemáticamente el juez responsable del caso es la grabación y transcripción de las comunicaciones; baste recordar el juzgado de Corcubión, que solicitó las grabaciones de Finisterre Tráfico poco después del accidente del *Prestige*.

Desde 2002, todos los buques de nueva construcción deben llevar a bordo un equipo de registro de datos de la travesía o VDR *(voyage data recorder)* que, a semejanza de las cajas negras (en realidad, el color es naranja brillante) utilizadas en los aviones comerciales, registra todos los parámetros del buque, incluidas las comunicaciones a bordo y con el exterior.

Figura 22. El buque petrolero Prestige *partido en dos frente a la Costa da Morte, en Galicia, en 2002.*

Además, las estaciones de tierra, los STM, los prácticos y las estaciones costeras graban también todas sus comunicaciones por radio con los buques de su zona, por lo que en caso de accidente los implicados deberán responder ante el juez de sus comunicaciones en inglés, es decir, de lo que dijeron y de cómo lo dijeron. Sus diálogos quedarán grabados por partida doble: tanto en los equipos VDR de a bordo como en las estaciones de tierra.

Llegado este punto, es inevitable recordar el accidente aéreo del 27 de marzo de 1977 en el aeropuerto de Los Rodeos, Tenerife, el más grave de la historia de la aviación, con un balance final de 583 víctimas mortales. Este siniestro fue investigado por comisiones de expertos de los tres países implicados (Estados Unidos, Holanda y España) y, aunque sus conclusiones variaron respecto a la asignación de responsabilidades, también es cierto que compartieron algunas de ellas; por ejemplo, los tres informes finales coincidieron en que la falta de disciplina en las comunicaciones por radio por parte de los tres implicados (Control de Tráfico Aéreo de Los Rodeos, Boeing 747 de KLM y Boeing 747 de Pan Am) fue un elemento determinante en esta tragedia.

Los accidentes nunca se producen por una sola causa, sino por una concatenación de circunstancias y acciones u omisiones, pero en el caso de Los Rodeos las causas finales fueron una frase ambigua por parte del copiloto del Jumbo de KLM: «*We are now at take off*».

Queriendo decir que estaban en el proceso de despegar, la frase fue entendida por el controlador como que estaban en el punto de despegue, en la cabecera de la pista, y la comunicación de respuesta del controlador fue «pisada» por un mensaje de la aeronave norteamericana: «*Ok, stand by for take off, I will call you*». De manera que en la cabina del avión holandés se escuchó únicamente el «*Ok*», y por tanto se continuó con la maniobra de despegue cuando el otro avión de Pan Am estaba todavía rodando por la pista en medio de la niebla, que impedía la observación directa de los controladores, que carecían, por otra parte, de equipo radar para el seguimiento de las aeronaves en tierra.

Los dos aviones colisionaron finalmente en mitad de la pista, con el Jumbo de KLM ya en vuelo, a casi 300 kilómetros por hora.

No existe una contrapartida de accidente marítimo comparable con el de Los Rodeos y en el que unas comunicaciones inadecuadas hayan desempeñado un papel tan determinante en un desenlace tan trágico, pero este accidente cambió totalmente el enfoque del entrenamiento y la formación para las tripulaciones de los aviones, con la implantación obligatoria de los cursos CRM *(cockpit/crew resources management)*, que luego incorporó el transporte marítimo con la misma filosofía, pero con el nombre de BRM *(bridge resources management)*.

Cuando se analiza un accidente de estas características, con una carga emocional y un prejuicio económico tan enormes, se escrudiñan hasta los últimos detalles. En el caso de las comunicaciones no sólo se estudian los diálogos previos al accidente, sino que se analizan las grabaciones de los implicados en las guardias y vuelos anteriores, a lo largo de un extenso período de tiempo, para detectar inconsistencias y desviaciones del protocolo de frases reconocido; es decir, si existe una indisciplina habitual en las comunicaciones, ésta queda bien patente en las grabaciones existentes.

Este accidente, explicado en detalle en la parte que corresponde a las comunicaciones por radio, constituye un elemento de reflexión que se debe trasladar al ámbito del transporte marítimo. En lo que se refiere a la grabación de las comunicaciones y las trayectorias, hoy los buques y los STM de los puertos funcionan de forma similar a los aviones y al control de tráfico aéreo de los aeropuertos; es decir, todas las comunicaciones quedan registradas por partida doble: tanto en los equipos de las estaciones de tierra como en los VDR de los buques, ya que en caso de accidente los implicados deberán responder ante el juez de cómo gestionaron sus comunicaciones. Parece evidente que los implicados que se hayan ceñido al protocolo de las frases normalizadas de la OMI, y hayan utilizado el inglés de una manera profesional y conforme a la normativa internacional establecida en los instrumentos y publicaciones de este organismo y de la IALA/AISM, estarán en una posición más fuerte para defender y justificar su actuación que aquellos que se hayan olvidado de la disciplina inherente a las comunicaciones marítimas por radio en ese idioma. Como pasó en Los Rodeos, esa falta de disciplina puede ser un *contributing factor* decisivo para las consecuencias del accidente en términos de pérdida de vidas humanas o daños a la propiedad o al medio ambiente.

Este argumento de la responsabilidad es más potente que otros aplicables al uso del inglés en el contexto del transporte marítimo, como pueden ser el refuerzo de la profesionalidad, la contribución para normalizar y disciplinar las comunicaciones en el ámbito marítimo o el papel de representante de una autoridad que desempeñan determinados profesionales, por ejemplo, los operadores de STM, los prácticos o los oficiales de las unidades SAR. Éstos, al estar vinculados de una u otra forma a las autoridades marítimas o a los servicios que éstas prestan, parecen más obligados que nadie a cumplir las normas internacionales, y a guiarse en cierto modo «por el libro» en lo que se refiere a su uso del inglés.

Los argumentos presentados hasta aquí pertenecen al ámbito operativo, al campo del uso de las frases normalizadas en el día a día de las comunicaciones en inglés por parte de los distintos posibles usuarios de este código, pero existen otras razones de tipo lingüístico que también pueden contribuir a convencer al usuario escéptico de la conveniencia de adherirse a este protocolo, y que una vez explicadas aportan fundamento y consistencia a este enfoque.

Desde el punto de vista lingüístico, las frases normalizadas de la OMI son un ejemplo claro de lenguaje controlado, entendiendo como tal una parte del lenguaje humano limitada a un dominio específico, que se caracteriza por utilizar un vocabulario limitado y una sintaxis simplificada. En este sentido, el rasgo distintivo más importante de estas frases es la ausencia de toda complejidad morfológica o sintáctica: no existen oraciones condicionales de tercer grado ni tiempos verbales en subjuntivo. A la hora de escribir las frases, el equipo de redactores siguió la convención de buscar la máxima sencillez y la mínima complicación, de manera que las frases fueran fáciles de estudiar, aprender y utilizar.

Otras convenciones lingüísticas utilizadas son:

1. Evitar sinónimos.
2. Evitar contracciones, por ejemplo, entre partículas negativas y verbos auxiliares, como:

> I won't drop my starboard anchor.

Fonéticamente apenas se distingue de:

> I want to drop my starboard anchor.

La posible ambigüedad se resuelve perfectamente con la frase:

> I will not drop my starboard anchor.

Otras ambigüedades son más difíciles de resolver, sobre todo cuando se escuchan por VHF con la distorsión de la voz, los ruidos atmosféricos, el posible solape de otras comunicaciones, etc.

> I am a tanker/I am at anchor.

3. Utilizar la repetición del contenido de la pregunta cuando se da la respuesta; es decir, no basta con *Yes/No* o con *Yes, I will* o *No, I do not,* es necesario utilizar frases completas:

> QUESTION: Are you ready to receive my message.
> ANSWER 1: Yes (WRONG).
> ANSWER 2: Yes, I am (WRONG).
> ANSWER 3: Yes, I am ready to receive your message (RIGHT).

4. Existe una única frase para cada suceso. Para preguntar la situación a un buque se dirá:

> QUESTION: What is your position?

No se trata, pues, de exhibir los conocimientos de inglés utilizando fórmulas alambicadas para preguntar dónde está el buque, utilizando expresiones del tipo:

> Would you be so kind as to provide me your coordinates by latitude
> and longitude?,

sino de recurrir a la alternativa más sencilla para hacerse entender sin ambigüedad ni confusiones.

5. Organizar las frases basándose en el principio *elemento idéntico invariable + elemento variable*. Por ejemplo, la siguiente frase sería la invariable:

> You are running into danger.

Mientras que las siguientes serían algunas de las posibles variables:

> Shallow waters to the north of you.
> Submerged wreck to the west of you.
> Bridge is defective.

Este conjunto de argumentos, operativos y lingüísticos, pretende abrir una ventana por la que el usuario del inglés en un contexto marítimo pueda asomarse para reconsiderar la manera en la que interactúa por radio con otras estaciones. Para que valore asimismo la conveniencia de introducir disciplina, rigor y profesionalidad en este apartado de su trabajo, de igual manera que cuando carga un petrolero aplica el Reglamento Internacional para Prevenir los Abordajes en la Mar (Ripam) para evitar un abordaje; sigue un procedimiento para entrar en un espacio cerrado, atraca un gasero a una terminal de GNL, o presta servicios de tráfico marítimo a un buque participante; es decir, para que tome conciencia de que el uso correcto del inglés es también un elemento determinante para contribuir a la seguridad de la navegación y a la protección del medio ambiente marino.

Capítulo 6

Conclusiones

En lo que se refiere al estado actual del inglés marítimo normalizado y a las perspectivas que se abren para un futuro a corto y medio plazo en el ámbito del transporte marítimo en general, y en el de los STM o en el del practicaje en particular, se pueden establecer las siguientes conclusiones:

1. Los intentos de desarrollar un lenguaje marítimo normalizado, principalmente el *Vocabulario normalizado de navegación marítima* y las *Frases normalizadas de la OMI para las comunicaciones marítimas,* y extender su uso no han tenido el éxito esperado. A pesar de que, sobre el papel, el planteamiento era adecuado, el resultado de la implantación del lenguaje normalizado no ha sido el deseado. La aprobación definitiva de dichas frases normalizadas por la 22.ª Asamblea de la OMI en noviembre de 2001 proporcionó un impulso definitivo a su conocimiento, pues la Resolución A.918 (22) recomendaba a todos los Gobiernos miembros de la OMI que dieran la máxima difusión a estas frases entre todos los usuarios potenciales y las autoridades marítimas docentes, pero esa recomendación no ha sido lo suficientemente atendida y queda aún mucho camino por recorrer para que este protocolo de comunicaciones forme parte de los recursos que utilizan los profesionales del transporte marítimo en el día a día de su trabajo, a la hora de comunicarse por radio y en inglés.

2. Aunque los distintos apartados del Convenio internacional sobre normas de formación, titulación y guardia para la gente de mar, STCW-95, detallados en el apartado 5 del capítulo 1, son relativamente claros, las administraciones marítimas de los Gobiernos signatarios no han puesto, en general, el énfasis necesario para que se cumplan los requisitos relativos a los conocimientos de

inglés náutico, en particular en lo que se refiere al lenguaje normalizado. Era de esperar que esta tibieza se superara en el marco de la especial atención a la formación y a los recursos humanos que se deriva de la entrada en vigor del Convenio de Formación (STCW-95) y del Código IGS, pero no ha sido así: la revisión del Convenio de Formación en la Conferencia diplomática de Manila, en junio de 2010, pasó por alto este problema y no se tomó ninguna medida concreta para potenciar la implantación de las frases normalizadas de la OMI.

3. La extensión de las *Frases normalizadas de la OMI para las comunicaciones marítimas* había suscitado críticas y una decidida oposición por parte de algunos países de gran influencia en la OMI. Este rechazo consiguió retrasar la adopción de las *Frases* durante varios años, hasta la 22.ª Asamblea de la OMI, pero no evitar su adopción mediante la Resolución A.918 (22), lo que pone de manifiesto la importancia que la organización concede al inglés marítimo normalizado.

4. El borrador inicial de las *Frases* había sufrido numerosas modificaciones y correcciones entre 1997 y 2001, hasta llegar al estado actual, que parece fruto de un consenso entre los diferentes enfoques existentes en el seno de los foros en los que se han configurado las frases (la IALA/AISM y distintos comités y subcomités de la OMI, principalmente); pero, una vez transcurridos más de diez años desde la aprobación de la resolución A.918 (22), sería conveniente proceder a una revisión y actualización del documento.

5. Sería muy conveniente la adecuación de los planes de estudio de los centros de formación marítima a la nueva realidad que nace del Convenio de Formación, al curso modelo de la OMI sobre inglés marítimo desarrollado en conjunto con la ISF, a las Resoluciones OMI A.857 (20), A.918 (22) y A.960 (22), y a las recomendaciones y cursos modelo de la IALA/AISM sobre formación en STM que establecen el marco normativo para la utilización y enseñanza de las frases normalizadas.

6. Además de la adecuación de la formación de los futuros marinos, no debe olvidarse la de los marinos en activo. Baste recordar que el United States Coast Guard (USCG) realiza desde hace tiempo inspecciones a los buques mercantes que atracan en puertos norteamericanos en los que, entre otras cosas, se examina la competencia lingüística de sus oficiales en inglés técnico-marítimo.

7. Las administraciones marítimas y académicas de los distintos países deberían esforzarse por comprender que el éxito de sus marinos en un mercado laboral cada vez más exigente y competitivo depende también de su competencia lingüística en inglés en general, y de su conocimiento del inglés náutico en particular, espe-

cialmente en su versión normalizada, tal como exige la normativa internacional. En ese sentido, determinadas administraciones, como la británica, exigen un certificado de competencia lingüística en inglés a los oficiales extranjeros que quieran navegar en buques de pabellón británico. Esa competencia se determina mediante el llamado Test Marlins, que puede realizarse en centros reconocidos por la Maritime and Coastguard Agency (MCA), como el Centro de Seguridad Marítima Integral Jovellanos, el único autorizado por la MCA en España.

8. El uso del inglés normalizado no sólo es privativo de los marinos a bordo de los buques (Convenio de Formación 95), sino que parece imprescindible su extensión al resto de los profesionales implicados en las comunicaciones (prácticos y sus asistentes, operadores de STM, operadores de los CCSM, autoridades marítimas, oficiales de unidades SAR, operadores de radios costeras, etc.).

9. Hay que señalar la carencia de material didáctico actualizado para la enseñanza del inglés técnico-marítimo y para la enseñanza del inglés náutico normalizado. Nuevos materiales, preferiblemente en soportes interactivos, son fundamentales para afrontar con eficacia las recientes exigencias de conocimientos planteadas por los acuerdos y normativas internacionales. En ese sentido, hay que destacar los reconocidos esfuerzos de la profesora María José Carrasco, autora del libro *Inglés técnico marítimo*, que presta especial atención al aprendizaje de las frases normalizadas de la OMI y palía, en cierto modo, la escasez de materiales didácticos modernos y eficaces que existe en este campo concreto del inglés para fines específicos.

10. El perfil ideal de un oficial de marina mercante del siglo XXI debería reunir varias cualidades:

    – Ser un experto en su campo, máquinas o puente.
    – Dominar las tecnologías de la información.
    – Comunicarse de forma competente.
    – Estar familiarizado con las diferencias culturales y gestionarlas de manera eficaz.
    – Guiarse en su conducta por el principio de integridad.

11. Una posible forma de contribuir a que los titulados que salen cada año de las escuelas de náutica o facultades de marina civil se acerquen a ese ideal de excelencia en general, y al de la competencia para comunicarse en particular, sería el establecimiento de sistemas de acreditación basados en la aplicación de políticas de calidad, como propuso Boris Pritchard en la 23.ª International Maritime English Conference (IMEC 23), y la potenciación del principio de movilidad, tal como se contempla en el proceso de Bolonia.

Glosario*

Términos generales

A	
Abandon vessel Abandono del buque	Evacuación de la tripulación y los pasajeros tras haberse producido una situación de socorro.
Accomodation ladder Escala real	Escala fija a una plataforma en el costado del buque provista de peldaños planos y pasamanos que permite embarcar y desembarcar desde el agua o desde tierra.
Adrift A la deriva	A flote, sin control, en una dirección indeterminada.
Air draft Guinda	Altura de la parte más alta del buque por encima de la línea de flotación.
Assembly station Puesto de reunión	Lugar en cubierta, comedores, etc., designado para reunir a la tripulación y a los pasajeros de acuerdo con el cuadro de obligaciones establecido en el momento en que se dé la correspondiente alarma o aviso.

---

* Se ha mantenido el orden alfabético en inglés. Véase apéndice al final de este glosario con las acepciones ordenadas alfabéticamente en español.

B	
Backing (of wind) Viento levógiro	Cambio de la dirección del viento en sentido contrario al de las agujas del reloj; lo contrario de *viento dextrógiro*.
Beach (to) Varada voluntaria	Varada voluntaria del buque en una playa para evitar que se hunda en aguas profundas.
Berth Atraque. Margen	1. Atraque. Puesto asignado a un buque anclado o fondeado a un muelle, etc. 2. Margen. Distancia de seguridad que se deja alrededor de un buque, roca, plataforma, etc.
Blast Pitada	Señal sonora del silbato del buque.
Blind sectors Sectores muertos	Zonas que el radar del buque no puede vigilar por encontrarse tapadas por partes de la superestructura, los mástiles, etc., o por obstáculos en la costa.
Boarding arrangements Medios de embarque	Todo el equipo, tal como escala del práctico, escala real, gancho de izada, etc., necesario para el traslado sin riesgos del práctico.
Boarding speed Velocidad de embarque	Ajuste de la velocidad del buque a la de la embarcación del práctico para que éste pueda embarcar o desembarcar sin riesgos.
Bob-cat Bobcat	Pequeña grúa oruga con hojas empujadoras que se utiliza para distribuir cuidadosamente las mercancías sueltas en las bodegas de carga de los graneleros.
Briefing Información	Explicación sucinta para la tripulación y los pasajeros.

C	
Cable Cable	1. Cadena, cabo o cable que conecta el buque al ancla. 2. (Medida) 185,2 metros, es decir, la décima parte de una milla marina.
Capsizing Zozobra	Vuelco del buque en el agua.
Cardinal buoy Boya cardinal	Marca de navegación, por ejemplo una boya, que indica el norte, este, sur u oeste, es decir, los puntos cardinales, desde un punto fijo, tal como restos de naufragio, aguas poco profundas, bancos, etc.

Cardinal points Puntos cardinales	Los cuatro puntos principales del compás (norte, este, sur y oeste); a los efectos de las *Frases,* también quedan incluidos los puntos intermedios (noreste, sureste, etc.).
Casualty Víctima	En este contexto, caso de muerte en un accidente o catástrofe marina.
Check (to) Controlar	1. Cerciorarse de que el equipo, etc., se encuentra en buen estado y de que todos los elementos son adecuados y seguros. 2. Regular el movimiento de un cable, cabo o cadena que esté alargándose demasiado deprisa.
Close-coupled towing Remolque con enganche directo	Método de remolque de buques por el hielo polar en el que los remolcadores rompehielos van provistos de una ranura especial en la popa en la que introducen y sujetan la proa del buque que está siendo remolcado.
Close-up (to) Acercarse	Reducir la distancia con respecto al buque de delante incrementando la velocidad del buque propio.
Compatibility (of goods) Compatibilidad (de mercancías)	Indicación de si distintas mercancías pueden estibarse juntas en una misma bodega.
Convoy Convoy	Grupo de buques que navegan juntos, por ejemplo, por un canal o un paso en el hielo.
Course Rumbo	Dirección que el buque tiene intención de tomar.
Course made good Rumbo verdadero	El rumbo que toma un buque con respecto al fondo, tras corregir los efectos de las corrientes, mareas y las desviaciones causadas por el estado de la mar.
COW COW	Siglas de *Crude Oil Washing* (lavado con crudos). Sistema de limpieza de los tanques de carga de hidrocarburos en el que se limpian con los crudos que se están descargando.
CPA/TCPA CPA/TCPA	Siglas de *Closest Point of Approach* (punto de aproximación máxima) y de *Time to Closest Point of Approach* (tiempo al punto de aproximación máxima). Límite, definido por el observador, para dar un aviso cuando se esté siguiendo un blanco (o varios blancos) que se estén acercando a estos límites.
Crash-stop Parada de emergencia	Dar marcha atrás con la máquina principal del buque en situación de emergencia para evitar un abordaje.

D	
Damage control team Equipo de lucha contra averías	Grupo de miembros de la tripulación entrenados para luchar contra posibles inundaciones en el buque.
Datum Dátum	1. La situación más probable de un blanco que se busca en un momento determinado. 2. Plano de referencia al que se refieren todos los datos sobre profundidad de las cartas.
Derelict Derrelicto	Mercancías o cualquier otra materia prima; dícese en concreto de los buques abandonados en el mar.
Destination Destino	Puerto hacia el que se dirige el buque.
Disabled Inservible	Buque con averías o desperfectos tales que impiden que prosiga su viaje.
Disembark (to) Desembarcar	Salir de viaje.
Distress alert (GMDSS) Alerta de socorro (SMSSM)	Señal radioeléctrica de un buque en situación de socorro dirigida automáticamente a un centro de coordinación de salvamento marítimo, que indica la situación, identificación, rumbo y velocidad del buque, así como la naturaleza de la situación de socorro.
Distress/urgency traffic Tráfico de socorro/urgencia	En este contexto, intercambio verbal de información por radio buque-costera y/o buque-buque, o buque-aeronave, acerca de una situación de socorro o urgencia, tal como se define en el Reglamento de Radiocomunicaciones de la UIT.
Draft Calado	Profundidad del agua desplazada por el buque.
Dragging (of anchor) Garreo (del ancla)	Movimiento no intencionado del ancla sobre el fondo del mar porque ha dejado de impedir el movimiento del buque.
Dredging (of anchor) Arrastre (del ancla)	Movimiento del ancla sobre el fondo del mar destinado a controlar el movimiento del buque.
Drift Deriva	Movimiento del buque a flote causado por los vientos y las corrientes en una dirección determinada.
Drop back (to) Alejarse	Aumentar la distancia con respecto al buque de delante reduciendo la velocidad del buque propio.
DSC LSD	Llamada selectiva digital (SMSSM).

E	
Embark (to) Embarcar	Montar a bordo de un buque.
EPIRB RLS	*Emergency Position Indicating Radio Beacon* (radiobaliza de localización de siniestros).
Escape route Vía de evacuación	Vía claramente señalizada en el buque que debe seguirse en caso de emergencia.
Escort Escolta	Asistencia a un buque que debe encontrarse disponible en caso de necesidad, por ejemplo, en el supuesto de rompehielos, remolcadores, etc.
ETA ETA	*Estimated time of arrival* (hora estimada de llegada).
ETD ETD	*Estimated time of departure* (hora estimada de salida).

F	
Fire monitor Cañón contraincendios	Cañón fijo a base de espuma, polvo o agua que proyecta agentes extintores de incendios sobre la cubierta de tanques, los colectores, etc.
Fire patrol Patrulla contraincendios	Miembro de la tripulación de guardia que da una ronda de vigilancia en el buque a intervalos periódicos para detectar con prontitud los posibles incendios, obligatoria en buques que transporten más de 36 pasajeros.
Flooding Inundación	Penetración importante de agua de mar en el buque.
Foul (of anchor) Enredada/encepada (ancla)	Ancla que se ha enredado/encepado en su propia cadena o ha quedado apresada en una obstrucción.
Foul (of propeller) Enredada (hélice)	Enredo de un cabo, cable, red, etc., en la hélice.
Full speed Velocidad máxima	La mayor velocidad a la que puede ir el buque.
Fume Humo	Gases, con frecuencia perjudiciales, generados por incendios, productos químicos, combustibles, etc.

G	
General emergency alarm Alarma general de emergencia	Señal acústica consistente en siete pitadas cortas y una pitada larga transmitida por el sistema de megafonía del buque.
GMDSS SMSSM	Global Maritime Distress and Safety System (Sistema Mundial de Socorro y Seguridad Marítimos).
(D) GPS (D) GPS	Sistema mundial de posicionamiento (por satélite) (diferencial).

H	
Hampered vessel Buque impedido	Buque cuya capacidad de maniobra está restringida por la naturaleza de su trabajo o su calado profundo.
Hatchrails Pasamanos (escotillas)	Cabos, sostenidos por candeleros, que se colocan alrededor de una escotilla abierta para evitar posibles caídas a la bodega.
Heading Rumbo	Dirección horizontal de la proa del buque en un momento dado, medida en grados a partir del norte, en el sentido de las agujas del reloj.
Hoist Elevador	En este contexto: cable utilizado por los helicópteros para izar o bajar a personas durante operaciones de evacuación.

I	
Icing Engelamiento	Acumulación de hielo sobre un objeto, por ejemplo, el mástil o la superestructura de un buque.
IMO-Class Clase de la OMI	Atendiendo a su clasificación en el Código Internacional de Mercancías Peligrosas (Código IMDG), grupo de mercancías peligrosas o potencialmente peligrosas, sustancias perjudiciales o contaminantes del mar que se transportan por vía marítima.
Inert (to) Inertizar	Reducir el oxígeno de un tanque de hidrocarburos inyectando gas inerte para evitar que se cree una atmósfera explosiva.
Initial course Rumbo inicial	Rumbo indicado por el jefe en el lugar del siniestro u otra persona autorizada al comienzo de una búsqueda.
Inoperative Inoperante	Dícese de lo que no está funcionando.

J	
Jettison (to) (of cargo) Echazón (de la carga)	Echar mercancías al mar para aligerar el buque o mejorar su estabilidad en situación de emergencia.

L	
Launch (to) Puesta a flote	Arriada de los botes salvavidas al agua.
Leaking Fuga	Escape de líquidos tales como agua, hidrocarburos, etc., de conductos, calderas, tanques, etc., o pequeña penetración de agua del mar en el buque debido a una avería en el casco.
Leeward A sotavento	Dirección general desde la que sopla el viento; lo contrario de *a barlovento.*
Leeway Deriva	Efecto angular del viento dominante sobre el rumbo del buque.
Let go (to) Soltar	Dejar suelto, liberar o largar (anclas, cables, etc.).
Lifeboat station Puesto de botes salvavidas	Lugar designado para reunir a la tripulación y a los pasajeros antes de embarcar en los botes salvavidas.
List Escora	En este contexto: inclinación del buque a una u otra banda.
Located Ubicado	En avisos náuticos: confirmación de la situación de un objeto.

M	
Make water (to) Hacer agua	Penetración de agua del mar en el buque debido a una avería en el casco o a que las escotillas no se han cerrado correctamente y han quedado abiertas.
MMSI ISMM	*Maritime Mobile Service Identity (number)* (identidades del servicio móvil marítimo).
Moor (to) Amarrar	Afianzar un buque en un lugar determinado por medio de cables o cabos sujetos en tierra, anclas o boyas de amarre; dícese también de la navegación con las dos anclas largadas.
MRCC CCSM	*Maritime Rescue Coordination Centre* (Centro coordinador de salvamento marítimo): autoridad en tierra responsable de organizar eficazmente las operaciones de búsqueda y salvamento marítimos y de coordinar la puesta en práctica de las operaciones de búsqueda y salvamento dentro de una determinada región.

Muster (to) Reunir	Juntar a la tripulación, los pasajeros o ambos en un lugar determinado para comprobar algo.
Muster list Cuadro de obligaciones	Lista de la tripulación, los pasajeros y todas las personas a bordo que especifica sus funciones en caso de emergencia o durante un ejercicio.

N	
Not undercommand Sin gobierno	Un buque que, por circunstancias excepcionales, no puede maniobrar con arreglo a lo prescrito en el Reglamento de Abordajes.

O	
Obstruction Obstrucción	Objeto, tal como restos de naufragio, redes, etc., que bloquea un paso, una vía, etc.
Off air Fuera del canal de conversación	Interrupción, suspensión o terminación de las transmisiones de una estación de radio.
Off station (of buoys) Fuera de su puesto (boyas)	No se encuentra en la situación indicada en las cartas.
Oil clearance Limpieza de hidrocarburos	Remoción con raseras de los hidrocarburos de la superficie del agua.
Operational Operativo	Disponible para su uso inmediato.
Ordnance exercise Ejercicio naval	Práctica de tiro de la armada.
Overflow Rebose	Escape accidental de los hidrocarburos de un tanque que se ha llenado excesivamente al no haberse interrumpido a tiempo el bombeo.

P	
PA-system Sistema de megafonía	Altavoces instalados en los camarotes y comedores del buque, etc., y en la cubierta de éste, mediante los cuales es posible comunicar información importante desde un puesto centralizado, generalmente el puente.
Polluter Contaminante	Buque que emite sustancias perjudiciales a la atmósfera o derrama hidrocarburos en el mar.

Preventers Ostas	Cabos o cables mediante los cuales se sujetan los puntales de carga para evitar que oscilen durante las operaciones de manipulación de la carga.
Proceed (to) Avanzar	Navegar o dirigirse a una determinada situación o proseguir el viaje.

R

Recover (to) Recuperar	En este contexto, recoger náufragos.
Refloat (to) Poner a flote	Liberar un buque después de una varada, volver a ponerlo a flote.
Rendez-vous Lugar de encuentro	Reunión, normalmente concertada por radio, entre buques que acuerdan encontrarse en una determinada zona o situación.
Reported Notificar	En avisos náuticos: la situación de un objeto está sin confirmar.
Restricted area Zona restringida	Cubierta, espacio o zona de un buque en la que sólo pueden entrar, por motivos de seguridad, los miembros de la tripulación autorizados.
Resume (to) Proseguir	En este contexto: volver a iniciar un viaje, servicio o búsqueda.
Retreat signal Señal de retirada	Señal acústica, visual o de otro tipo que ordena al equipo volver a la base.
Rig move Traslado de instalaciones	Movimiento de una torre petrolera, plataforma de perforación, etc., de un lugar a otro.
Roll call Pasar lista	Verificar si todos los pasajeros y miembros de la tripulación están presentes, por ejemplo en los puestos de reunión, leyendo en voz alta la lista de los nombres.

S

Safe speed Velocidad de seguridad	Velocidad del buque que ofrece el mayor margen de tiempo posible para tomar medidas eficaces que eviten un abordaje y para pararlo dentro de una distancia adecuada.
Safe working pressure Presión de trabajo segura	Presión máxima admisible en los conductos de carga.

Safety load Carga segura	Carga máxima admisible en una cubierta, etc.
SAR SAR	*Search and rescue* (búsqueda y salvamento).
Scene Lugar	Zona en la que se ha producido el suceso, por ejemplo, en el caso de un accidente.
Search pattern Método de búsqueda	Método según el cual los buques y aeronaves realizan una búsqueda coordinada (el *Manual Imosar* contempla siete métodos de búsqueda).
Search speed Velocidad de búsqueda	Velocidad de los buques que realizan la búsqueda, determinada por el jefe en el lugar del siniestro.
Seemark Marca de navegación	Objeto elevado en tierra o en el mar que sirve de guía visual.
Segregation (of goods) Segregación (de mercancías)	Separación de mercancías que, por distintos motivos, no deben estibarse juntas.
Shackle Grillete	Longitud normal (15 brazas) del cable del ancla.
Shifting cargo Corrimiento de la carga	Movimiento transversal de la carga, especialmente de los graneles, causado por asientos o escoras pronunciados.
Slings Eslingas	Cabos, redes y otros medios para la manipulación de cargas generales.
Speed of advance Velocidad de avance	Velocidad a la que se desplaza el centro de una tempestad.
Spill (to) Derrame	Escape accidental de hidrocarburos, etc., de un buque, contenedor, etc., al mar.
Spill control gear Equipo de control de derrames	Equipo especial para la lucha contra derrames accidentales de hidrocarburos en una etapa inicial.
Spreader Travesaño	En este contexto, peldaño de la escala de práctico que evita que gire.
Stand by (to) A la espera	Preparación o disponibilidad para ejecutar una orden; encontrarse disponible.
Stand clear (to) Apartarse	En este contexto, mantener una embarcación a distancia del buque.
Stand on (to) Seguir a rumbo	Mantener el rumbo y la velocidad.

Standing orders Órdenes permanentes	Órdenes del capitán que el oficial encargado de la guardia debe cumplir.
Station Puesto	Lugar asignado a cada persona a bordo, o sus obligaciones.
Stripping Agotamiento	Vaciar los tanques de los restos de carga, agua, etc.
Survivor Superviviente	Persona que sobrevive a una situación extremadamente peligrosa, por ejemplo, un naufragio.

T

Take off (to) Despegar	Salida de un helicóptero desde la cubierta de un buque.
Target Blanco	Eco generado en la pantalla del radar, por ejemplo, por un buque.
Tension winch Chigre de tensión	Chigre que tensa las amarras para mantenerlas afianzadas.
TEU TEU	*Twenty-foot equivalent unit,* unidad equivalente a 20 pies (dimensiones normalizadas de los contenedores).
Track Trayectoria	Trayectoria que se sigue, o se va a seguir, entre una situación y otra.
Transit Tránsito	En este contexto, paso del buque por un canal, paso de navegación, etc.
Transit speed Velocidad de tránsito	Velocidad a la que se exige que el buque pase por el canal, paso de navegación, etc.
Transhipment (of cargo) Transvase (de carga)	En este contexto, transferencia de mercancías de un buque a otro fuera de los puertos.

U

Underway Navegando	Dícese de un buque que no está anclado, amarrado o varado.
Union purchase Maniobra a la americana	Método común de manipulación de la carga que combina dos puntales, uno de los cuales está sujeto de modo que quede por encima del muelle, y el otro por encima de la escotilla de acceso.

Universal Time Coordinated Hora universal coordinada (UTC)	Antiguamente, GMT.
Unlit Sin iluminar	Denota que las luces de una boya o un faro están apagadas.

V

Variable (of winds) Variable (viento)	Viento que cambia constantemente de dirección.
Veer out (to) (of anchors) Largar (anclas)	Soltar una longitud mayor de cable.
Veering (of winds) Dextrógiro (viento)	Cambio de la dirección del viento en el sentido de las agujas del reloj; lo contrario de *viento levógiro*.
VHF VHF	*Very High Frequency* (ondas métricas) (30 - 300 MHz).

W

Walk out (to) (of anchors) Desvirar (anclas)	Contrarrestar la acción del molinete para reducir la tensión del cable.
Way point Punto de control de derrota	Situación por la que el buque tiene que pasar o en la que tiene que cambiar de rumbo según el plan de la travesía.
Windward A barlovento	Dirección general desde la que sopla el viento; lo contrario de *a sotavento*.
Wreck Restos de naufragio	Buque destruido, hundido o abandonado en el mar.

Términos especiales utilizados por los STM

Fairway Paso	Parte navegable de una vía de navegación.
Fairway speed Velocidad en el paso	Velocidad obligatoria en un paso.
Inshore traffic zone Zona de navegación costera	En un dispositivo de separación del tráfico (DST), medida de organización consistente en designar una zona entre el límite terrestre de un DST y la costa adyacente.
Manoeuvring speed Velocidad de maniobra	Velocidad reducida del buque en aguas restringidas, tales como pasos y puertos.
Receiving point Punto de recepción	Marca o lugar en el que el buque queda sometido a formalidades obligatorias de entrada, tránsito o escolta.
Reference line Línea de referencia	Línea ficticia que aparece en las pantallas de radar de los centros de los STM y/o en las cartas náuticas electrónicas, que delimita el paso de los buques en una y otra dirección para que puedan cruzar sin riesgos.
Reporting point Punto de notificación	Marca o punto en que se exige a un buque que se comunique con la estación local de los STM a fin de establecer su situación.
Separation zone/line Zona o línea de separación	Zona o línea que separa las vías de circulación por las que los buques navegan en direcciones opuestas o casi encontradas, o que separa una vía de circulación de la zona marítima adyacente, o divide las vías de circulación asignadas a determinadas clases de buques que avanzan en la misma dirección.
Traffic clearance Permiso de circulación	Autorización otorgada por un STM a un buque para que avance respetando determinadas condiciones.
Traffic lane Vía de circulación	Zona delimitada en la que el tráfico va en una sola dirección.
TSS DST	*Traffic separation scheme* (dispositivo de separación del tráfico). Medida de organización consistente en separar el tráfico que se dirige en direcciones opuestas por los medios adecuados, entre los que se incluye el establecimiento de vías de circulación.
VTS STM	*Vessel Traffic Services* (servicios de tráfico marítimo). Servicios destinados a mejorar la seguridad y eficacia del tráfico marítimo y la protección del medio ambiente.
VTS area Zona de los STM	Zona controlada por un centro o estación de los STM.

APÉNDICE
(Términos del glosario ordenados alfabéticamente en español)

Términos generales

Abandono del buque	Abandon vessel
A barlovento	Windward
Acercarse	Close-up (to)
Agotamiento	Stripping
A la deriva	Adrift
A la espera	Stand by (to)
Alarma general de emergencia	General emergency alarm
Alejarse	Drop back (to)
Alerta de socorro (SMSSM)	Distress alert (GMDSS)
Amarrar	Moor (to)
Apartarse	Stand clear (to)
Arrastre (del ancla)	Dredging (of anchor)
A sotavento	Leeward
Atraque	Berth
Avanzar	Proceed (to)
Blanco	Target
Bobcat	Bob-cat
Boya cardinal	Cardinal buoy
Buque impedido	Hampered vessel
Cable	Cable
Calado	Draft
Cañón contraincendios	Fire monitor
Carga segura	Safety load
CCSM	MRCC
Chigre de tensión	Tension winch
Clase de la OMI	IMO-class
Compatibilidad (de mercancías)	Compatibility (of goods)
Contaminante	Polluter
Controlar	Check (to)
Convoy	Convoy

Corrimiento de la carga	Shifting cargo
Cuadro de obligaciones	Muster list
Dátum	Datum
Deriva	Drift. Leeway
Derrame	Spill (to)
Derrelicto	Derelict
Desembarcar	Disembark (to)
Despegar	Take off (to)
Destino	Destination
Desvirar (anclas)	Walk out (to) (of anchors)
Dextrógiro	Veering (of winds)
Echazón (de la carga)	Jettison (to) (of cargo)
Ejercicio naval	Ordnance exercise
Elevador	Hoist
Embarcar	Embark (to)
Engelamiento	Icing
Enredada/encepada (ancla)	Foul (of anchor)
Enredada (hélice)	Foul (of propeller)
Equipo de control de derrames	Spill control gear
Equipo de lucha contra averías	Damage control team
Escala real	Accomodation ladder
Escolta	Escort
Escora	List
Eslingas	Slings
Fuera de su puesto (boyas)	Off station (of buoys)
Fuera del canal de conversación	Off air
Fuga	Leaking
Garreo (del ancla)	Dragging (of anchor)
(D) GPS	(D) GPS
Grillete	Shackle
Guinda	Air draft
Hacer agua	Make water (to)
Hora estimada de llegada	ETA
Hora estimada de salida	ETD
Hora universal coordinada (UTC)	Universal Time Coordinated

Humo	Fume
Inertizar	Inert (to)
Información	Briefing
Inoperante	Inoperative
Inservible	Disabled
Inundación	Flooding
ISMM	MMSI
Largar (anclas)	Veer out (to) (of anchors)
Lavado con crudos	COW
Limpieza de hidrocarburos	Oil clearance
LSD	DSC
Lugar	Scene
Lugar de encuentro	Rendez-vous
Maniobra a la americana	Union purchase
Marca de navegación	Seemark
Medios de embarque	Boarding arrangements
Método de búsqueda	Search pattern
Navegando	Underway
Notificar	Reported
Obstrucción	Obstruction
Operativo	Operational
Órdenes permanentes	Standing orders
Ostas	Preventers
Parada de emergencia	Crash-stop
Pasamanos (escotillas)	Hatchrails
Pasar lista	Roll call
Patrulla contraincendios	Fire patrol
Pitada	Blast
Poner a flote	Refloat (to)
Presión de trabajo segura	Safe working pressure
Proseguir	Resume (to)
Puesta a flote	Launch (to)
Puesto	Station
Puesto de botes salvavidas	Lifeboat station
Puesto de reunión	Assembly station

Punto de aproximación máxima	CPA
Punto de control de derrota	Way point
Puntos cardinales	Cardinal points
Rebose	Overflow
Recuperar	Recover (to)
Remolque con enganche directo	Close-coupled towing
Restos de naufragio	Wreck
Reunir	Muster (to)
RLS	EPIRB
Rumbo	Course. Heading
Rumbo inicial	Initial course
Rumbo verdadero	Course made good
SAR	SAR
Sectores muertos	Blind sectors
Segregación (de mercancías)	Segregation (of goods)
Seguir a rumbo	Stand on (to)
Señal de retirada	Retreat signal
Sin gobierno	Not undercommand
Sin iluminar	Unlit
Sistema de megafonía	PA-system
SMSSM	GMDSS
Soltar	Let go (to)
Superviviente	Survivor
TEU	TEU
Tiempo al punto de aproximación máxima	TCPA
Tráfico de socorro/urgencia	Distress/urgency traffic
Tránsito	Transit
Transvase (de carga)	Transhipment (of cargo)
Traslado de instalaciones	Rig move
Travesaño	Spreader
Trayectoria	Track
Ubicado	Located
Varada voluntaria	Beach (to)
Variable (viento)	Variable (of winds)
Velocidad de avance	Speed of advance

Velocidad de búsqueda	Search speed
Velocidad de embarque	Boarding speed
Velocidad de seguridad	Safe speed
Velocidad de tránsito	Transit speed
Velocidad máxima	Full speed
VHF	VHF
Vía de evacuación	Escape route
Víctima	Casualty
Viento levógiro	Backing (of wind)
Zona restringida	Restricted area
Zozobra	Capsizing

Términos especiales utilizados por los STM

Paso	Fairway
DST	TSS
STM	VTS
Zona de navegación costera	Inshore traffic zone
Línea de referencia	Reference line
Permiso de circulación	Traffic clearance
Punto de notificación	Reporting point
Punto de recepción	Receiving point
Velocidad de maniobra	Manoeuvring speed
Velocidad en el paso	Fairway speed
Vía de circulación	Traffic lane
Zona de los STM	VTS area
Zona o línea de separación	Separation zone/line

ESQUEMAS

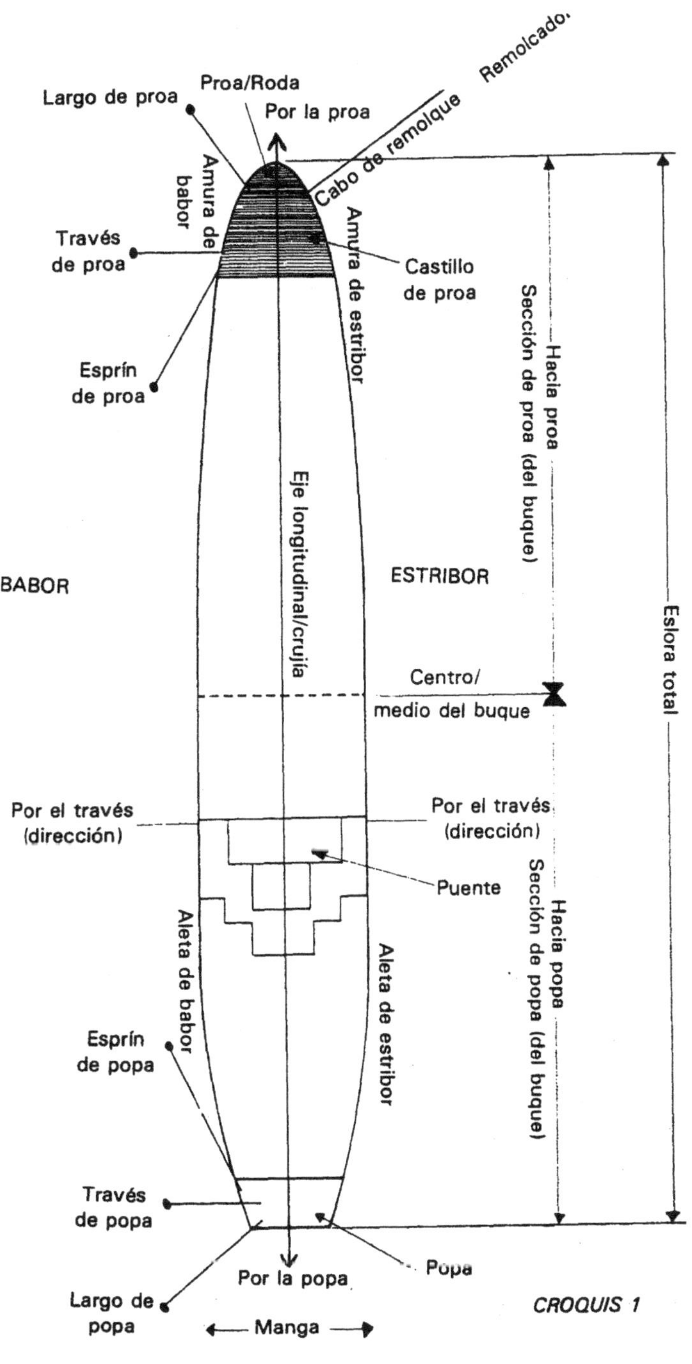

Esquema 1

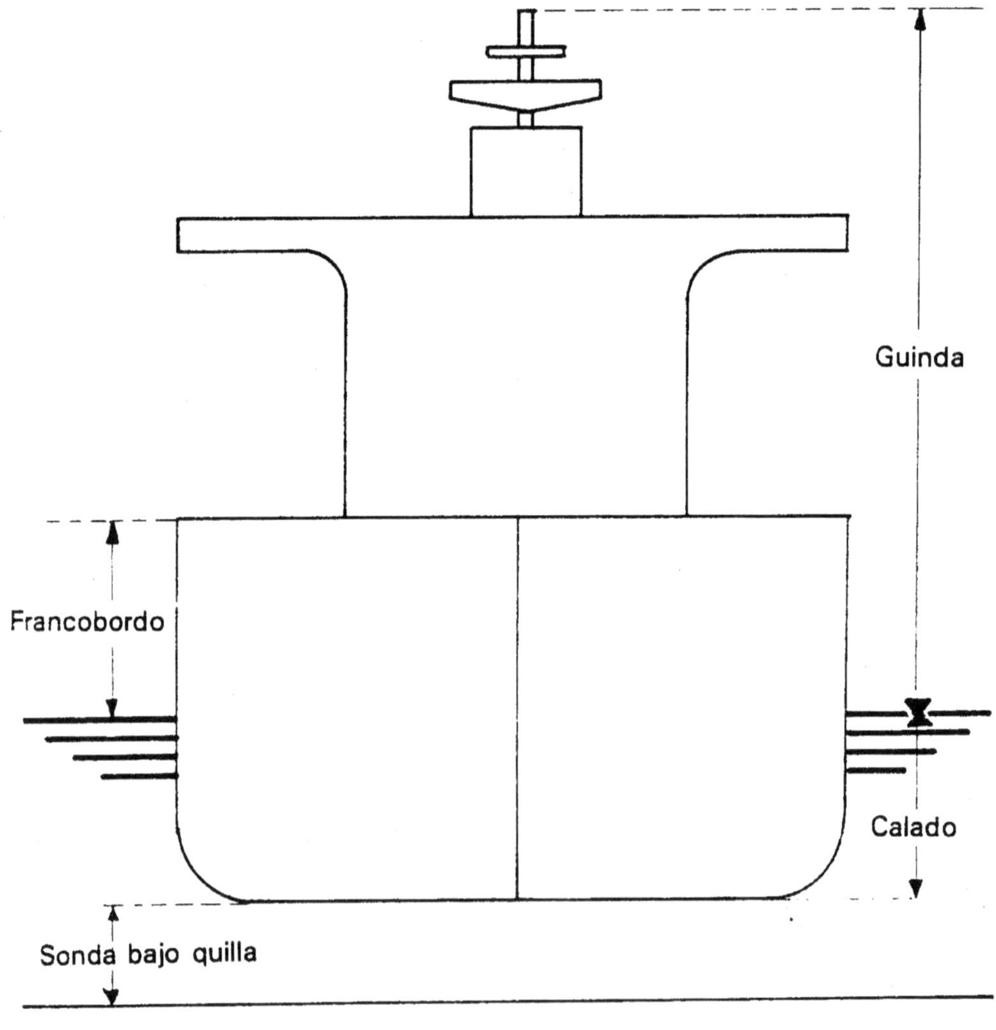

Esquema 2

MUELLE
Noray
Noray
Noray
Largo de proa
Gatera/Gatera Panamá
Boya de amarre (muerto)
Codera
Través de proa
Guiacabos de rodillo
Bitas
Molinete
Cabrestante
Guiacabos (gatera)
Esprín de proa
Extremo popel (saltillo)
del castillo de proa

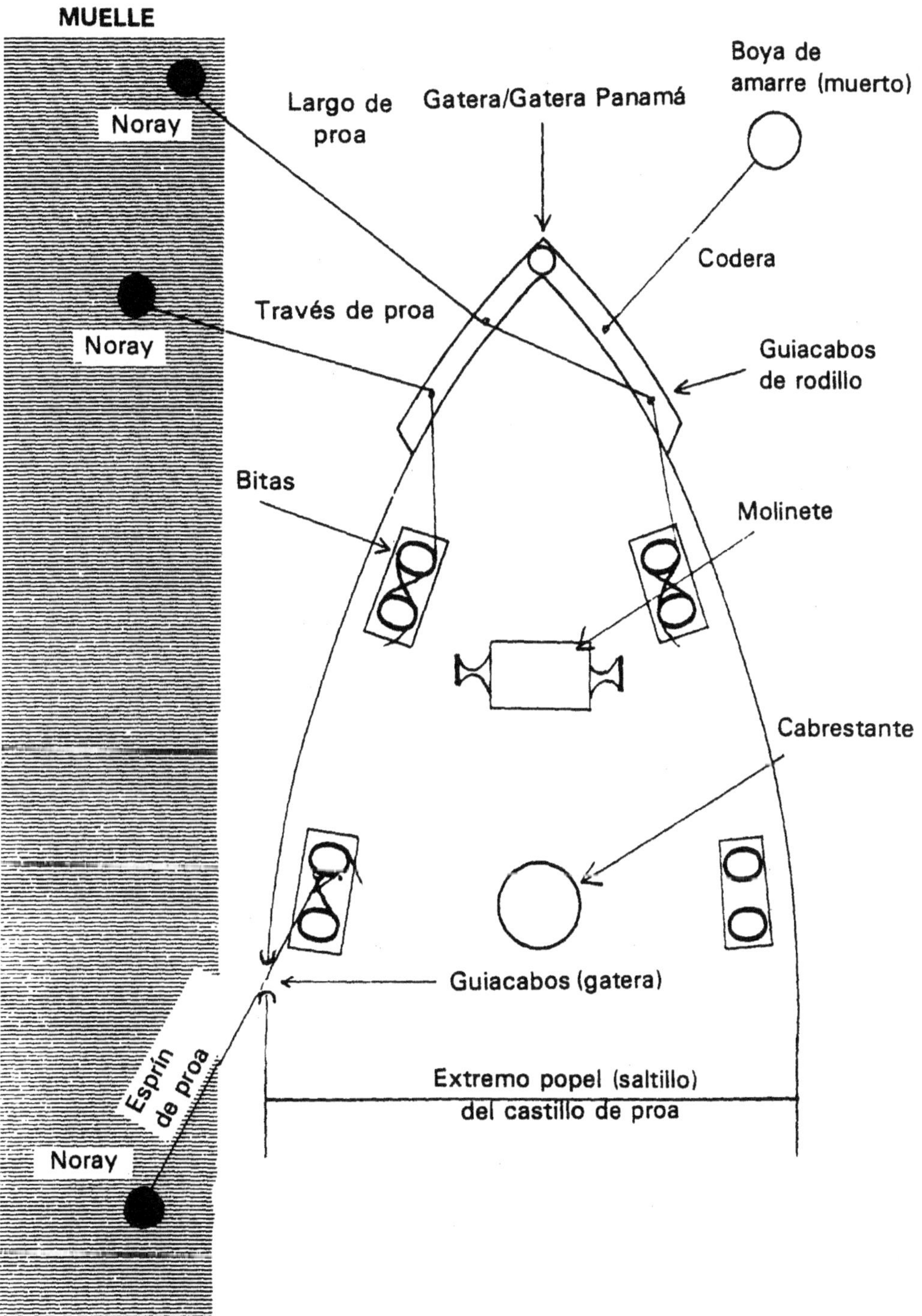

Esquema 3

Bibliografía

Se ofrece a continuación una breve relación, ordenada cronológicamente, de algunas publicaciones de inglés náutico que constituyen una biblioteca básica para aquellos que deseen profundizar en el estudio del inglés técnico-marítimo.

Métodos

BELL, Claude, *Seafaring in English* (Oslo, Gyldendal Norsk Forlag, 1963) (con cintas audio de apoyo).

BRUCE, A. E.; DE AGUIRRE, María del Carmen, *English for Seamen* (Vigo, Artes Gráficas Galicia, 1984).

TABOAS VÁZQUEZ, J. B.; PÉREZ, F. F., *Gramática inglesa e inglés marítimo* (Vigo, Editorial Dom Henrique, 1984).

WEEKS, Fred; JOHNSON, Edward; GLOVER, Alan; STREVENS, Peter, *Seaspeak Reference Manual* (Londres, Pergamon Books Ltd, 1984).

WEEKS, F. F., *Wavelength* (Madrid, Editorial Alhambra SA, 1986).

BLAKEY, T. N., *English for Maritime Studies* (Cambridge, Prentice Hall International, 1987) (con cintas audio de apoyo).

WEEKS, Fred; JOHNSON, Edward; GLOVER, Alan; STREVENS, Peter, *Seaspeak Training Manual* (Londres, Pergamon Books, Ltd., 1988) (con cintas audio de apoyo).

KELLY, James C.; TRUDEAU, Claudette, *Anglosea Module 2. Vessel Traffic Services: The English Channel* (Sidney, Canadian Coast Guard College Press, 1994) (con cinta vídeo de apoyo).

Aranzabal, F. Javier, *Manual práctico de inglés marítimo* (Vitoria, Servicio Central de Publicaciones del Gobierno Vasco, 1995).

Hackett, Richard, *Understanding English on board Ship* (Londres, Videotel Marine International Ltd, 1995) (con cintas vídeo de apoyo).

Logie, C.; Vivers, E.; Nisbet, A., *English for Seafarers* (Dalkeith, Marlins, Sanderson CBT, 1998) (con cintas audio de apoyo).

López, Elena; Spielberg, José M.; Carrillo, Francisco, *Inglés técnico naval* (Cádiz, Servicio de Publicaciones, Universidad de Cádiz, 1998).

López, Ana; González, Iria, *Inglés marítimo* (La Coruña, Netbiblo, IUEM, 2004).

Subirá, Teresa, *Comunicaciones marítimas en inglés* (Barcelona, Ediciones Omega, 2006).

Carrasco, María José, *Inglés técnico marítimo* (La Coruña, Ediciones Netbiblo, 2011).

Métodos con soporte informático (cd-rom, internet)

Maritime English (Järfälla, Maritime Education, Safety Radio Marine Sweden), info@maritime.se.

van Kluijven, Peter C., *The International Maritime Language Programme* (Alkmaar Alk & Heijnen Publishers 2007), www.alk.nl.

Marinesoft English (Videotel, 2003), www.videotel.co.uk.

NewsLink's *IMO SMCP Summary* (UK P&I Club, 2003), www.newslinkservices.com.

IMO SMCP (International Maritime Organization, 2004), www.imo.org/ publications-sales@imo.org.

Mareng, *Maritime English Learning Tool,* http://mareng.utu.fi.

Murrel, Stephen; Nagliati, Peter; Canestri Stefano, *Safe Sailing: SMCP Training for Seafarers,* Cambridge University Press. www.cambridge.org.

Martel, *Maritime Tests of English Language,* http://www.martel.pro.

Publicaciones de la OMI

OMI. *Vocabulario normalizado de navegación marítima* (Londres, Organización Marítima Internacional, 1985).

Maritime English (Model Course 3.17) (Londres, Organización Marítima Internacional, 2000).

IMO SMCP (Londres, Organización Marítima Internacional, 2002). Versión en inglés. Número de venta: 1987E.

SMCP de la OMI (Londres, Organización Marítima Internacional, 2002). Versión bilingüe. Número de venta: 1987S.

Diccionarios

ALAS, César, *Diccionario jurídico-comercial del transporte marítimo* (Oviedo, Servicio de Publicaciones de la Universidad de Oviedo, 1983).

RODRÍGUEZ BARRIENTOS, M., *Diccionario marítimo* (Madrid, Paraninfo, 1987).

SUÁREZ GIL, Luis, *Diccionario técnico-marítimo* (Madrid, Editorial Alhambra SA, 1988).

SULLIVAN, Eric, *The Marine Encyclopaedic Dictionary* (Lloyd's of London Press, London, 1996).

JEANS, Peter D., *Ship to Shore* (Oxford, ABC -Clio, 1998).

MALAGÓN ORTUONDO, J. M., *Diccionario náutico* (Madrid, Editorial Paraninfo, 1998).

GARNIER, Jean-Luc, *Diccionario marítimo cuadrilingüe* (Barcelona, Editorial de Vecchi, 2000).

DELGADO LÁLLEMAND, Luis, *Diccionario enciclopédico marítimo* (Madrid, Ediciones Paraninfo, 2010).

Inglés para la náutica de recreo

WEBB, Barbara, *Yachtman's Eight Language Dictionary* (Londres, Adlard Coles Nautical, 1991).

SCHULT, JOACHIM, *The Sailing Dictionary* (Londres, Adlard Coles Nautical, 1992).

PUYA, Cristina, *Diccionario de la navegación de recreo* (Madrid, Ediciones Tutor SA, 1994).

Logística urbana. Manual para operadores logísticos y administraciones públicas
Ignasi Ragàs

Título de transportista. Competencia profesional para el transporte de mercancías por carretera
Francisco Martín, M. Teresa Maza, María J. de la Maza

Manual del transporte en contenedor
Jaime Rodrigo de Larrucea

Manual del transporte marítimo
Agustín Montori Díez, Carlos Escribano Muñoz, Jesús Martínez Marín

Técnicas logísticas para innovar planificar y gestionar. Aurum 1
Luis Carlos Hernández Barrueco

Técnicas de mejora continua en el transporte
Lander Tolosa

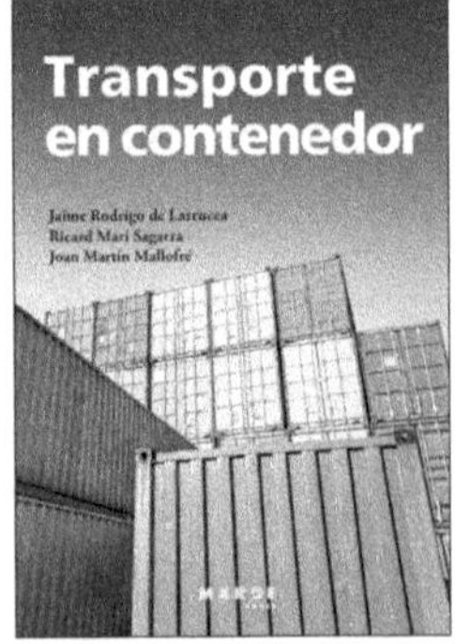

Transporte en contenedor
Jaime Rodrigo de Larrucea, Ricard Marí, Álvaro Librán

Técnicas para ahorrar costos logísticos. Aurum 2
Luis Carlos Hernández Barrueco

El Convenio CMR
Francisco Sánchez-Gamborino, Alfonso Cabrera Cánovas

Transporte de mercancías por carretera. Manual de competencia profesional
José Manuel Ruiz Rodríguez

Normativa de estiba en carretera. Claves, soluciones y modelos para estibar y trincar cargas
Eva María Hernández Ramos

Gestión documental del transporte por carretera
Eva María Hernández Ramos

Transporte ferroviario de mercancías
Miguel Ángel Dombriz

Transporte marítimo de mercancías. Los elementos clave, los contratos y los seguros
Rosa Romero, Alfons Esteve

Manual del transporte de mercancías
Jaime Mira, David Soler

Lean Energy 4.0. Guía de Implementación
Luis Socconini, Juan Pablo Martín

Manual de prevención de riesgos laborales
Blas Gómez

Estiba y trincaje de las mercancías en contenedor
Francisco Fernández Sasiaín